KB158424

지랄발랄 하은맘의

육아
내공
100

온포인트

지랄발랄 하은맘의 **20년 책육아 × 성공의 법칙**

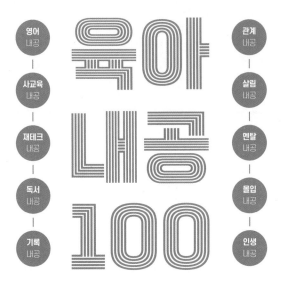

영어 내공 — 사교육 내공 — 재테크 내공 — 독서 내공 — 기록 내공

관계 내공 — 살림 내공 — 멘탈 내공 — 몰입 내공 — 인생 내공

육아 내공 100

김선미 지음

온포인트

'단순하게 산다'는 건 '아날로그로 산다'는 것.

원시적 시간 속에 몸을 움직여 쌓은 내공으로

무엇이든 빠르고 깊게 몰입해 성과 역시 확실하게 낸다.

스마트폰, 안 사주면 전쟁이지만 사주면 지옥!
대학 1학년이 돼서야 스마트폰 갖게 된 하은이는
지금도 스마트폰보다 신문, 종이책을 먼저 펼친다.

책장의 변천사는 곧 책육아의 역사다.

책장 앞 '생각의 숲'에서 하은이도, 나도 성장했다.

'마르지 않는 샘물'처럼 갈증과 호기심을 끊임없이 채워줬다.

"책 읽어라." "적당히 놀았으면 좀 읽어."

"너도 양심이 있으면 알아서 '쫌' 읽어야지."

아무리 많이 해도 전혀 해롭지 않은 잔소리다.

내 에너지 뺏지 않는 '화이트'로 통일해 헐렁한 공간을 유지한다.

일이든 공부든 식사든 파티든 바로 그 자리에서 착!

시작하고 집중할 수 있는 환경이 상시 대기 중이다.

아이는 엄마가 해준 음식, 그 자체다.

가공식품, 배달음식 딱 끊고, 고기 확 줄이고,

과일, 야채 맛있게 요리해 '건강한 집밥' 먹는 거다.

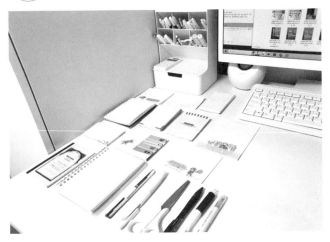

우리집에는 다양한 메모지 상시 대기 중.

다이어리 맨 앞 '글감 창고' 공간도 빌 틈이 없다.

영감이 떠오르고, 키워드 꽂히면 바로 기록한다.

휘갈겨 쓴 종이에는 당시의 격한 감정과 감동,

진심 어린 다짐과 의지가 모두 담겨있다.

디지털 매체보다 실행하고 적용하기 훨씬 용이한 이유다.

처음 한두 번은 한글 자막, 그다음엔 무자막,

또 그다음 한두 번은 영어 자막 넣고 틀어줬다.

그럼, 같은 DVD를 여러 번 봐도 집중해서 잘 본다.

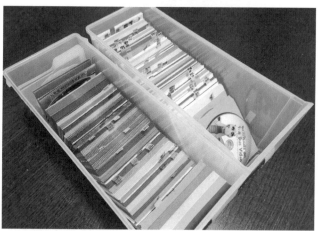

"또 보냐?" "안 지겹니?" 수없이 말해도 안 듣는다.

이제 보니 녀석에겐 책이 엄마였고, DVD가 아빠였다.

난 그분들 '뫼셔 오는' 배달부였을 뿐이고.

선한 부자란 나를 통해 '돈이 흐르게' 하는 거다.

하은맘 S프로젝트로 전 세계에 24개의 학교를 지었고,

전 세계 1,500명의 아이들에게 또 다른 엄마를 선물했다.

고물가 저성장의 시대, 돈 벌기 만만치 않은 세상에서
'살아있는 돈 공부'를 해본 녀석은 수시로 큰소리친다.
"나 이래 봬도 코로나 때도 살아남은 자영업자라구!"

수능 준비 기간, "힘내" "파이팅" 금지구역이었다.

말은 최대한 아끼고, 영양 고루 갖춘 집밥 챙겨줬다.

중요한 순간일수록 멘탈 관리는 피지컬로!

13년간 1,200회 강연을 하며 전국의 엄마들을 만났다.

애 잘 키우고 사회로 토낀 나의 미친 경험담을 나누며,

함께 웃고 울고 느끼고 깨닫고 힐링하는 시간이다.

더 많이 부비대고 책 읽어주며 사랑 범벅으로 키워놓고,

서로 여한 없이 깔끔하고 화끈하게 자유 찾아 떠나는 거다.

이제는 각자 자신의 인생을 훨훨 나는 나와 하은이처럼!

대학생 내 자식은 '새'다. 훨훨 날려 보내야 한다.

허전한 마음 꾹꾹 누르며 엄마는 나무가 되어줘야 한다.

아이랑 연령별 거리두기, '알'→'강아지'→'고양이'→'새' 기억해라.

'육아 내공'이
'인생 내공'이었다!

엄마 : 아, 죽겠네!

딸 : 왜? 뭐?

엄마 : 이번 책 프롤로그, 뭐부터 써야 하나? 대체 뭘 써야 지축을 흔드는 육아서, 엄마 계발서가 될까나?

딸 : 일단 써. 시작부터 해. 그럼 나와.

엄마 : 니가 좀 써봐라. 너도 작가잖아. 청소년 베스트셀러 『합격 공식』!

딸 : 각자 일은 각자가 좀 합시다.

엄마 : 야박한 것.

딸 : 사람들은 내 글 안 원해. 엄마 글 읽고 싶지. 그냥 막 지껄여. 엄마 글은 진짜라서 사람들이 들어.

엄마 : 어머? 진짜? 너도 그리 생각해?

딸 : 엄마 글 첫 독자가 나잖아. 기어다닐 때부터 사과편지 읽고 컸다면서? 한글도 그걸로 떼고. 엄마 글 좋아. 나 잘 큰 거 봐.

엄마 : 헉! 대박! 사랑해!

초여름이었다.
회사 근처 주꾸미 집에서 동료와 일 얘기하며
꺾던 소주잔이 거나하게 두 병이 되고
세 병이 되어갈 즈음이었다.
내 인생 전담 에디터 혜진 대표한테 한 통의 전화가 왔고,
끝내주는 기획이 어쩌고, 아이랑 엄마 동반 성장이 저쩌고,
이제까지 쌓은 20년 내공을 싹 다 찌끄리면
초대박 역작을 낼 수 있겠다며
엄마들 다 기절해 버릴 거라고 호들갑을 막막!
그녀가 떨었는지 내가 떨었는지 기억이 잘 안 난다.
맨정신 때 유독 냉철하고 객관화에 뛰어난
이지적 현대 여성인 나,
하지만 음주와 함께 강림하는
우주 탈출 현실 자각 제로의 파이팅십!
"그래, 오~ 좋다! 가보자! 내, 내버려!"

또 그렇게 홀랑 쉽게 낚여버린 중년의 여성은
후회할 새도 없이 머리를 쥐어뜯으며 글 쓰고 교정 보다가
가을을 놓쳤다.

어느새 탈고나.

하은이 말마따나 쓰다 보니 써졌다.

육아를 통해 쌓인 내공을 한데 모으자고 시작한 기획이

무려 100꼭지의 딴딴한 글이 됐다.

그사이 더욱 선명해졌다.

'육아 내공'이 결국 '인생 내공'이었다!

그 당시엔 몰랐다.

속세 끊고 세상의 속도 무시한 채 육아에 올인한 시간이

아이와 내 인생 최고의 성장 훈련소였던 거다.

미리 해체하지 못한 폭탄이 눈앞에서 매일 터졌다.

똥 치우고, 토를 닦고,

멈추지 않는 아이의 울음에 나도 같이 울며

너무 못나고 부족한 엄마라서

애랑 같이 뛰어내리고 싶었다.

애가 너무 조그맣고 솜털이 보송한 게

귀여워서 죽지 못했다.

아이가 좀 크니 지 바쁘다고 책도 안 읽고

약속은 개똥으로 알고

수시로 거짓말해 대는 게 너무 얄밉고 삶이 허탈해서

퇴근길 운전하던 핸들 팍 꺾어 그냥 날아가고 싶었다.

"미안해, 엄마. 내가 잘못했어. 다신 안 그럴게.

우리 오늘 마라샹궈 해 먹자.

내가 재료 사놓을게. 빨리 와, 엄마. 보고 싶어."

그날 아이의 코맹맹이 사과가 너무 달콤해서 액셀 밟고

집에 가느라 날지 못했다.
이제 대학생이 된 하은이는 바빠도 너무 바빠
집에 도통 들어오질 않는다.
남들보다 빨리 입학한 또래보다 어린 대학생인지라
인생 얼마나 신나겠냐마는,
해도 해도 너무한 녀석의 프리한 라이프!
"적당히 작작 좀 해라"
잔소리하다 내 분에 못 이겨 악을 써대면,
한 마디도 안 지고 따박따박 대꾸한다.
"엄마, 내가 벌어 등록금 다 냈고, 고학점 유지 중이고,
문화생활이랑 독서도 엄마보다 많이 해"
켁~ 이젠 더 팔릴 쪽이 없어서 죽을 수도 없다.
육아를 잘해서 예까지 온 게 아니다.
못 죽고 버티다 버티다 보니
나란 인간에게도 내공이 쌓였다.
'자유롭고 독립적이고 책임감 있게,
진취적으로 자기만의 삶을 살아가는 인간.'
놀랍게도 내가 키운 아이는 딱 그렇게 컸다. 소원대로!

그리고 아이 키우는 20년 사이 완전히 달라져 버린
요즘 나의 삶도 놀랍긴 마찬가지다.
이번 주만 해도 사내에서 의뢰 들어온
멘토링, 강연 제안을,
다음 주 해외 포상 워크숍 일정을 핑계 삼아 정중히

서절했나.
외부 강연을 비롯한 상담, 행사, 출간, 파티 일정도
빠듯하다.
내년 초엔 고객들이랑 같이
미얀마로 봉사 여행도 가야 하고,
기아대책 결연 아동들의 축구대회인 희망 호프컵의
미얀마 구단주도 되기로 했다.
올해로 벌써 세 번째 구단주가 되었다.
'독서, 공부, 건강, 나눔'이라는
내 인생의 화두 카테고리에 들어가는 일이면
힘들거나 귀찮다고 물러서지 않고
'에잇' 하고 수락해 버린다.
"귀한 일인데 당연히 해야죠" 전화상으로 세상 화끈하게
답하고 나서 혼자 머리 쥐어뜯을지언정!
이게 다 육아 덕분이다.
말이 좋아 내공이지, 지루하고 난해하고 따분하고 외롭고
답 안 보이는 혹독한 육아 기간을
도망치지 않은 것, 그거 하나로 이룬 결과다.

애를 잘 키우려던 것뿐인데 애도, 나도 잘 커버렸다.
책육아, 배려육아만 했을 뿐인데,
영어 내공, 사교육 내공, 재테크 내공, 독서 내공,
기록 내공, 관계 내공, 살림 내공, 멘탈 내공, 몰입 내공,
인생 내공까지

전천후 '내공 100단' 최강 전사가 되어 버렸다. 아~ 놔~
하루하루, 매월, 매년이 쌓여 무려 20년이란 기간,
마치 다른 색깔의 지층처럼 단단해진 내공은
절대 무너질 수도, 허무하게 흩어질 수도 없다.
더 멋진 건, 그렇게 커진 엄마의 세계가
창창한 아이의 미래를 만든다는 거다.
'성장하는 엄마'라는 절대값 X가
'옆에서 보고 배우는 천재 내 자식' Y를 만나니
'세상을 찜 쪄먹는 무림고수' 커플이라는 결과값을
내버리는 명백한 함수! 캬~
미쳐 안 미쳐. 죽어 안 죽어. 됐고!
왜 누군 되고, 누군 죽어라 해도 안 되냐고?
잘 큰 아이와 성장한 엄마, 두 마리 토끼 다 잡은 내가
100가지 내공에 담아 모조리 풀어줄 테다.
자, 그럼 니 멱살 니가 잡고 책 펴는 거다.

목차

재테크 내공

독서
내공

기록
내공

관계 내공

살림 내공

멘탈
내공

몰입
내공

인생
내공

영어
내공

"따님,
미국 유학파죠?"

어렸을 땐 그렇게 인사를 안 해서 면이 안 서곤 했는데, 초등 되고부터 만나는 사람마다 또 그렇게 인사를 해대서 땀이 삐질 나곤 했었다. 하은이 14살 때의 일이다.

"엄마, 가끔 엘리베이터에서 만나는 18층 주민분이 나더러 자꾸 미국 살다 왔냐고 묻네."

"음, 너 영어 했어?" "아니." "근데 왜?" "몰라."

그냥 잊고 살다가 어느 날 애랑 같이 엘리베이터를 탔는데, 18층에서 띠롱! 중년의 아주머니가 타자마자 반갑게 하은이에게 인사하신다. 그러면서 하시는 말씀, "아이구, 어머님이시구나. 애가 어찌나 매번 인사를 이쁘게 하는지, 애 아빠랑 자주 얘기해요. 23층 사는 머리 긴 여자애 미국 살다 온 것 같다고요. 표정이나 몸짓이 우리나라 애 같지 않고, 너무 자연스러워요." 외국에서 살아본 적 없는 하은이가 이렇게 보였다면, 이건 영어책과 영어 DVD의 결과다. 많이 보고, 자주 듣고, 계속 읽으니 그 주인공들과 똑같이 행동하는 게 당연할 테지. 수시로 빙의한다. 그날은 롤라였나? 아님 엘로이즈? 바비?

애미인 날 닮았다면 낯선 사람 앞에서 고개 숙이고 쭈뼛거리다 손톱만 물어뜯었을 게 뻔하다. 애가 이리 당돌하게 인사할 수 있는 건 영어 환경 덕이 크다. 많이 보고, 자주 접하면 물든다. "나쁜 친구들이랑 같이 놀지 마라." 학창시절 내내 들어왔던 잔소리다. 그런데 사실 아이의 친구 관계는 내 소관이 아니다. 어찌할 수 없다.

다만 내가 할 수 있는 건 좋은 친구들로 '물타기' 해주는 거다. 착하고 선하고 재미있고 똑똑하고 든든한 친구들이 대거 모여 사는 곳이 영어책과 영어 DVD다. 애가 집에 들어오는 순간, 바로 소환할 수 있는 항상 준비된 친구들. 세계 각국의 다양한 인종과 문화와 재미난 스토리를 품고 있는 건 덤이다. 말투도, 억양도, 엑센트도 각양각색인 캐릭터들이 녀석에게 위로를 주고 용기를 주고 교양을 가르쳐준다. 평생 갖고 갈 무기다. 크~!

애 어릴 때
돈 쓰지 마

요즘 강남에 핫한 영어유치원은 한 달 원비가 230만 원이라던데? 어차피 본인들 돈 쓰는 거니 내 알 바 아니다만, 그 정도의 돈값? 전혀 못 한다. 나라면 그 돈으로 차라리 매달 명품백 하나씩 산다. 아~ 생각만 해도 황홀해라. 영어에는 '돈'을 들이는 게 아니라 '시간'을 들여야 하는 거거든. 꾸준한 노출만이 답이다.

수학은 '치타'처럼 빠르게 몰입해서 빡 뚫어내야 하고, 영어는 '나무늘보'처럼 느리고 길게 노출해 줘야 진정 아이의 것이 된다. 매일 영어책 읽어주고, 영어 DVD 틀어주면 땡! 이렇게 쉽고 싼데 뭐 하러 영유, 학원에 돈을 쏟아붓니? 엄마가 영어를 못해서? 발음이 후져서? 아무 상관없다. 애는 결국 CD, DVD의 원어민 발음을 따라간다. 틀어만 주면 된다. 손가락만 열심히 움직이면 되는 거라고. 뭐가 어려워? 그냥 해. 믿음 천국, 불신 지옥!

그리고 애 어릴 때 영유 다녀서 말만 잘하면 뭐할 건데? 미국 가보니 길거리 부랑자도 영어 겁내 잘하더구만. 중요한 건 내용, 콘텐츠 아니겠니? 발음이 좀 후지더라도 말하는 알맹이가 꽉 차 있고 창의적인 데다 세계관마저 훌륭하다면 누구라도 귀 기울여 듣게 되어있다. 국어든 영어든 똑같다. 다양한 사고의 스펙트럼을 가진 상태에서 언어가 튀어나와 줘야 들을 만하고, 돈이 될 만하고, 채용될 만하고, 사용될 만하지 않겠어? 입이 아니라 머릿속을 채워야 한다는 얘기다.

그러기 위해선 한글책 독서, 영어책 독서가 균형 있게 함께 가는 게 정답이다. 집에 한글책만큼 재밌고 읽을 만한 영어책 들여놓는 게 최우선이고. 이른 사교육에 눈 돌릴 필요도, 남의 집 빠른 아웃풋에 입 벌리고 부러워할 필요도 없다. 몸과 머리, 신체와 정신을 비옥하게 일궈 나가야 할 어린 시절에 스피킹에만 집중하는 건 여물지 않은 어린싹을 억지로 틔워주는 거나 다름없다. 의미 없이 돈 쓰고 애 잡는 짓 절대 하지 말자.

책육아 하는 엄마들은 영어도 수월해

책육아 하는 엄마들에겐 영어 책육아도 쉽다. 한글 책육아랑 영어 책육아의 메커니즘이 결국 비슷하거든. 엄마가 책 읽어주고 아이 스스로 읽게 하면서 음가를 익히고, 어휘가 늘고, 문장이 유려해지고, 귀가 트이고, 상상력·사고력이 확장되고, 저절로 손이 가게 되는 마법의 메커니즘. 이 과정은 더 많은 책을 읽게 만들고, 더 탄탄한 실력을 쌓는 선순환을 부른다. 이 책육아의 놀라운 효과를 눈앞에서 목격하고 조금이라도 맛을 봤다면, 영어 책육아 역시 껌이다.

이때 관건이 싱싱하고 흥미로운 책들을 끊임없이

집안에 공급해 주는 건데, 한글 전집 사본 짬으로 영어 전집 골라 사는 건 사실 일도 아니다. 픽처북, 리더스북, 챕터북 단계별로 검색해서 여러 고수 엄마들 입에 많이 오르내리는 전집들 들여주면 되는 거고. 사주자마자 애가 환장하면서 달려들어 보지 않는 것도 당연한 거니 억지로라도 읽어주고, 얼렁뚱땅 집중 듣기 시키면 된다.

한글 책육아도 그렇게 흥미 붙여 왔잖냐. 영어라고 뭐 별다를 거 없고, 어려울 것도 없다. 하은이가 말하길, 영어는 '픽처북'도 재밌지만 '리더스북' 시기만 잘 뚫어 내면 '챕터북'부터는 진짜 재밌고 환상적인 책들이 넘쳐 난대. 자기 인생의 황금기를 영어책들과 함께 보낼 수 있었던 건 엄청난 행운이었다고 말할 정도로!

그리고 국어 잘하는 아이가 결국 영어도 잘한다는 건, 이제 반박할 수 없는 철칙이자 입증된 사실이다. 언어를 익히는 과정이 결국 비슷해서이기도 하지만, 한글 책육아와 영어 책육아의 환경이 긴밀하게 연결돼 있고, 서로 영향을 주고받기 때문이기도 해. 그러니까 영어라고 절대 쫄지 마. 모국어도 책으로 익혔는데 다를 게 뭐 있겠어? 결국 똑같다. 주눅 들고 겁내지 않고 일단 시작해 보는 것만으로 이미 반은 성공이다.

픽처북은
아이의 '문화 자본'이 된다

영어책의 꽃은 단연코 그림책! 픽처북이다. 다양한 캐릭터들의 일상, 모험, 여정, 탐험이 끊임없이 펼쳐지고 휘황찬란 다채로운 그림이 한데 어우러지는 픽처북은 아이가 좋아할 만한 온갖 요소의 집합체이자 상상의 나래를 맘껏 펼치는 놀이터다.

게다가 픽처북은 세계 유수의 그림책 작가들의 매혹적인 그림과 창작 세계를 담은 그야말로 '작품집'이나 다름없다. 뛰어난 작품성과 독특한 표현 방식, 유익한 내용과 감수성 넘치는 여운까지 온전히 얻고 배울 수 있다. 아름다운 선과 환상적인 색채의 마법에 빠져 아이가 책장을 넘기는 사이, 좌뇌와 우뇌가 폭발하듯 발달하고 영어까지 저절로 떼지는 시스템! 그림과 이야기에 홀려 보다가 활자까지 눈에 들어와 자기도 모르게 앎이 이루어지는 과학적이고 완벽한 학습 도구!

픽처북의 효과는 실로 무궁무진하다. 영어를 잘하게 되는 건 그야말로 수많은 혜택 중 일부일 뿐이다. 그런데 픽처북을 제대로 보여주지 않고 초등 입학을 시켜? 어영부영하다가 이 기회를 그냥 날려? 갤러리, 뮤지엄, 음악회에 가야 접할 수 있는 예술적, 문화적 소양을 이렇게 싸고 쉽게 만날 수 있는데, 조금만 애쓰면 아이의 세계관을 깊고 넓게 확장하는 인생의 '문화 자본'이 될 텐데, 그걸 통으로 날린다고? 와~ 너무 아까워. 아이가 너무 가여워.

이야기를 싫어하는 아이도 없고, 그림을 싫어하는 아이는 더더욱 없다. 이야기는 지루함을 잡아주고, 그림은 언어의 장벽을 무너뜨려. 이 두 가지가 더해진 픽처북으로 내 아이에게 영어라는 세계를 접하게 해야 하는 건 너무도 당연한 거다. 내 아이 손에 전 세계의 환상적인 이야기와 영어라는 언어를 쥐여주는 가슴 벅찬 일, 반드시 해야 할 엄마의 책무다.

수능까지 통하는
독해 실력의 비밀

하은이가 중·고등 6년 공부를 단 1년 10개월로 압축해서 3배속으로 해치울 때, 영어 고득점을 위해 꼭 필요한 건 문법이 아니라 '독해' 능력이라고 콕 집어 강조했다. 국어영역만큼이나 길고 긴 영어 지문을 빠르게 읽고 해독해 내는 능력을 갖추지 못했다면, 절대 고득점은 언감생심 생각조차 말아야 한다고.

이른 나이에 두 번의 수능을 치르고, 수능 영어 '만점' 받은 하은이가 독해 능력 향상을 위해 꼽은 가장 확실한 방법이 뭘 거 같아? 바로 '영어책 다독'이다. 실력에 맞고, 단계에 맞는 영어책 읽기를 하지 않고는 독해 실력은 절대 폭발적으로 성장할 수 없어. 현재 실력이 어느 정도이든, 몇 살에 시작했든, 영어책 읽기가 습관이 되지 않고서는 수능 고득점을 뚫어낼 다른 뾰족한 묘안은 없다.

하은이는 여전히 문법 제대로 모른다. 각 잡고 배우거나 외우거나 공부해 본 적이 없거든. 하지만 독학으로 15세 때 토익(TOEIC) 940점, 공인 말하기 시험인 오픽(OPIc)은 최상위 레벨 찍었다. 미국 여행 갈 때도 혼자서 일정 다 짜고 예약하고, 어딜 가든 브로슈어 빼서 빠르게 정보 파악하고, 호텔 로비에서 영자 신문 펼쳐 읽고, 만나는 모든 현지인과 자유자재로 의사소통한다. 궁금한 게 있을 땐 영어 원서 들이파는 게 일상이며, 벽돌 같은 철학 원서 읽고 토론하는 대학 전공 수업에서 훨훨 난다. 오독 없이 영어 깊이 읽기가 가능하기에 호기심을 충족하고, 지식을 얻고, 흥미를 느끼는 거다.

지금의 실력이 되기까지 '픽처북 → 리더스북 → 챕터북'의 책 읽기와 DVD 보기의 과정을 양으로 채워가며 착실히 밟아온 것 말고 다른 비법은 없었다. 영어 사교육 전혀 없이 영어 책육아로 큰 하은이에게 여전히 영어는 놀이고 즐거움이자 자신감이다. 엄마인 나에겐 추억이자 그리움이고.

꾸준히 할 수 있는
적정 시스템 만들기

영어 그림책 충분히 읽어주기, 영어 DVD 보여주기, 초등 때부터 매일 30분 집중 듣기와 2시간 흘려 듣기. 영어는 이거면 끝이다. 지금이야 이렇게 자신 있게 말할 수 있지만, 나 역시 '매일 할 수 있는 환경 조성 + 매일 할 수밖에 없는 시스템 세팅'이 단박에 된 건 절대 아니었다.

아이가 학교에 입학하면서 수행해야 할 아이만의 미션이 있잖니? 그 미션 수행의 시간을 침범하지 않으면서, 놀 시간을 충분히 확보해 주면서, 요령껏, 눈치껏 빈 구석을 비집고 들어가 영어 노출 시스템을 만드는데, 와 죽겠더구만! 매일매일이 애와의 전쟁이었고 혼돈 그 자체였다. 늘렸다 줄였다, 여러 개 넣었다가 다시 뺐다가, 널널하게 갔다가 타이트하게 조이면서 확장과 축소, 이완과 수축을 미친 듯이 반복했다. 이름하여 '적정선 찾기'의 시간!

지성 발달시킨답시고 감성이 무너져도 안 되고, 공부시키려다 관계가 훼손되어서도 안 된다. 그렇다고 아이가 하는 대로 마냥 끌려가거나 방치되어서도 안 되고. 그 대전제하에 여러 시행착오를 겪으면서 적정선을 찾는 과정은 그야말로 서스펜스 스릴러 엽기 호러! 한 장르로 규정할 수 없는 다사다난한 순간들이었다. 휴~!

그 과정에서 깨달은 건, 루틴 자체가 너무 힘겹고 양이 많고 빡빡하면 실패할 수밖에 없다는 거다. 차라리 약간 널널한데 꾸준히 유지할 수 있는 게 훨씬 낫다. 확실한 건 멈추면 안 된다는 거다. 이틀, 사흘, 나흘 멈추면 의지가 훅 꺾여나가는 거, 우리가 더 잘 알잖아.

그 적정선이 높든 낮든 하루도 쉬지 않고 꾸준히 할 수 있는 게 가장 중요해. 하루 못 했으면 다음 날 두 배로 해서라도 메꾼다는 각오로 임해야 해. 안 그러면 한없이 느슨해지니까. 계속 유지할 수 있는 아이만의 속도를 찾아 기계처럼 반복하는 일, 영어 노출의 핵심이다.

그래, 만만치는 않다. 하지만 만만하지 않으니까 더

욕심내는 기다. 나도 별거 없었어. 그냥 '한' 것뿐이야. 돌아보니 환경이고 시스템이었지, 나라고 처음부터 한 치의 오차가 없었겠냐? 좋은 결과를 낸 사람의 과거는 미화되게 되어있어. 어찌 됐든 결과를 끌어내면 돼. 온갖 과정 겪어내면서 끝까지 가면, 결국 돼. 나도 했는데 누구라도 왜 못 해?

겁은 나는데, 물러서지만 않으면 돼. 두려운데, 포기하지만 않으면 돼. 그럼, 누구라도 다 돼. 누구라도 할 수 있어.

"루틴 자체가 힘겹고
양이 많고 빡빡하면
실패할 수밖에 없다.
계속 유지할 수 있는 속도를 찾아
기계처럼 반복하는 일,
영어 노출의 핵심이다."

문제는 '자막 여부'가 아니라 '노출의 양'이다

"한글 자막 넣어서 보여줘도 괜찮나요?" 영어 DVD 관련 가장 많이 받은 질문이다. 정답부터 말해줘? 아무 상관없어! 한글 자막도 좋고, 영어 자막도 좋고, 무자막도 좋으니까 제발 좀 많이 틀어주라고! 토종 국내파 엄마표 영어 1세대(!)로서 산전수전 공중전 안 해본 게 없거든, 내가. 한글 자막 넣어서 영어 DVD 보여주는 건 도움이 됐으면 됐지, 손해 볼 게 전혀 없다. 하은이는 한글 자막 넣은 DVD 보면서 '한글 떼기 + 속독'에까지 큰 도움 받았어. 어렵게 DVD 노출 시작하면서 자막 없이 보여주느라 괜히 흥미 떨어뜨리는 우는 절대 범하지 마라. 답답해서 어디 보겠니? 너라면 한글 자막 없는 독일어 DVD 보고 앉아 있겠냐고. 영어 자막 역시 귀로 소리를 들으며, 눈으로 영어 문장을 따라가게 되니까 영어책 '집중 듣기' 능가하는 효과를 얻을 수 있다.

그래도 딱 정해줘? 오케이! 하은이는 처음 한두 번은 한글 자막, 그다음엔 무자막, 또 그다음 한두 번은 영어 자막 넣고 틀어줬다. 그럼, 같은 DVD를 여러 번 봐도 집중해서 잘 보거든. 이미 한글 자막으로 내용을 파악했으니까 이해 잘 되고, 재미도 붙고.

이렇게 틀어주는 게 되게 신경 쓰이는 일 같지? 노옵! 절대 아냐. 초반에만 조금 신경 쓰면 애도, 나도 루틴이 되고 룰이 된다. 중요한 건 포기만 안 하면 되는 거다. 느슨해지면 조이면 되고, 빡빡하면 풀면 되는 것이고. 루틴과 룰을 놓아버린 채 자포자기로 살아버리는 날들이 한 달이 되고, 1년이 되는 그런 파국만 피하면 된다.

스마트폰, 유튜브, TV 등 다른 매체는 철저히 차단한 채, 영어 DVD라면 토할 정도로 많이 보고 자란 하은이는 미디어 중독은커녕 '절제력 + 감수성' 충만한 책벌레가 되어 전 세계의 문화와 문명을 두루 섭렵하며 즐긴다. 이제 보니 녀석에겐 책이 엄마였고, DVD가 아빠였다. 난 그분들 '뫼셔 오는' 배달부였을 뿐이고.

OTT 시대에
웬 영어 DVD냐고?

단언컨대 영어 DVD가 없었다면, 영어 책육아는 완벽히 실패했을 거다. 아니, 육아 자체가 망했을 거야. 패망! 영어는 녀석의 놀이 상대이자 친구이자 꼬맹이 삶의 배경 그 자체였으니까. 꽂히는 DVD 만나면 식음을 전폐하고 하루 5~6시간 내리 봤던 하은이의 육신과 정신이 건강하고 균형 있게 발달할 수 있었던 것만 봐도, 알고리즘 타지 않는 단순 반복 매체인 DVD 활용은 정말 탁월한 도구였다. 때로는 예리하고 든든한 무기였고, 엄마인 나에겐 일상의 숨통이자 돌파구였다.

"요즘 같은 OTT 시대에 영어 DVD를 누가 봐요? 유튜브만 틀어도 온갖 동영상이 널리고 널렸는데?”

안다. 유튜브, 넷플릭스, 디즈니플러스, 애플티비…
소액의 월정액만 내면 원하는 콘텐츠가 언제든 무한대로
재생되는 시대인데, DVD를 굳이 사서 플레이어에 넣고
TV에 연결해 보여주는 게 시대에 뒤떨어진 것 같고 효율
잡아먹는 일 같겠지. 번거롭고 귀찮겠지. 그럼 난 이렇게
되묻는다.

“하버드, MIT, 옥스퍼드, 스탠퍼드, 예일 출신의 전
세계 본투비 미친 천재 개발자들과 엔지니어들이 치밀하
게 세팅해 놓은 알고리즘의 그물을 피해 갈 수 있을 거라
생각해? 아이들이 그 악랄한 자극을 이길 수 있을 거 같
아? 무분별하게 노출되고 끊을 수 없는 환경 속에서 애들
이 알아서 양질의 영어 영상만을 취사 선택해 반복 몰입
하고 집중해서 봐줄 것 같아?”

꼼수 부릴 생각 마라. 타협할 생각도 말고. 의욕적
으로 시작했다가 정체 모를 저질 영상에 코 박고 정신 못
차리는 애로 만들지 않으려면, 조금 불편해도 귀찮은 길
로 가. 그 정도는 할 수 있잖아. 숏폼에 길들여 채 도파민
중독에 절여진 아이 두뇌 되돌리려면 몇 배의 값을 치를
지 몰라. 지금 뭐가 득이고 뭐가 손해인지 현명하게 잘 판
단해야 한다.

하은이
인생 영어책

"애가 3학년인데, 왜 영어가 까막눈이야? 애 영어를 왜 놨어? 내 책을 7년 전에 알았다면서…"

"애가 영어책을 잘 안 봐서요."

얼씨구, 안 봐. 원래 안 본다고. 하은이도 그랬었다고 몇 번을 말해. 억지로 읽어주는 거야. 살살 꼬셨다가, 멱살 잡았다가, 도가니로 빌었다가 별짓을 다 해서라도 계속해야 돼. 그러다 보면 자연스레 아니, 엉망진창이라도 영어책 읽는 애로 커. 영어가 그다지 두렵지 않은 아이, 영어가 나를 세상의 다른 차원으로 끌어다 놓는 즐거움의 도구라고 생각하는 아이로!

자, 그럼 하은이가 시간이 지나도 인생책으로 꼽는 단계별 영어 전집·시리즈 풀어주마. 내용 면에서 탁월함은 말할 것도 없고 어휘, 표현 역시 끝내주는 명저들이다.

▷**픽처북**◁ 노부영 그림책, 푸름이 터잡기, 사이언스 스토리북, 삼성 그림책으로 영어시작, 엘리펀트 & 피기, 스토리 붐붐.

▷**리더스북**◁ 런투리드, 오알티, 도라 익스플로러, 비스킷 시리즈, 리틀 크리터, 드래곤 테일즈, 마녀 위니, 미스터 맨 리틀 미스.

▷**챕터북**◁ 아서 어드벤처, 티아라 클럽, 레인보우 매직, 프래니 K.스테인, 캡틴 언더팬츠, 매직트리하우스, 윔피키드, 로알드 달, 해리포터, 39클루스.

▷**노블**◁ WARRIORS(고양이 전사들), Chocolate Fever(걸어다니는 초콜릿), HOLES(구덩이), Frindle(프린들 주세요), 뉴베리 컬렉션.

아직 안 읽힌 책 있다면 꼭 사서 읽혀라. 되도록 한글판 먼저 보여주지 말고, DVD도 영어 원서 읽힌 다음에 트는 걸로! 김빠져. 좀 어렵더라도 영어 원서로 처음 접했을 때의 그 신선한 희열을 절대 뺏지 말아줘.

하은이
인생 영어 DVD

인생 영어 DVD로 꼽은 기준은 하은이가 '토할 정도로 많이 봤냐'이다.

▷**초급**◁ 메이지, 까이유, 리틀베어, 페파피그, 맥스 앤 루비, 리틀 프린세스, 도라도라 영어나라.

▷**중급**◁ 찰리 앤 롤라, 매직 스쿨버스, 레이지타운, 베런스타인 베어스, 엘로이즈, 아서, 호리드헨리.

▷**고급**◁ 제로니모 스틸턴, 스폰지밥, 아앙의 전설, 바비 시리즈, 해리포터, 디즈니·픽사 애니메이션들.

"또 보냐?" "안 지겹니?" "제발 딴 거 좀 보면 안 되겠냐?" 수없이 말해도 안 듣는다. 고 땐 고것만 본다. 눈

깔이 빠졌나? 가끔 가서 확인만 하면 된다. 하은이는 책 편식도 심한 편이었는데, DVD도 마찬가지였다. 하지만 그런 지독한 편식의 동굴을 지나고 나면, 또 아무거나 틀어줘도 '헤헤'거리며 다 잘 보는 아이로 큰다. 걱정할 것 없다.

사실 영어 DVD는 애한테 완전 끝내주는 놀이동산이자 세상을 배우는 재미난 교재였지만, 나에게도 그야말로 일상 속 생명수 그 자체였다. 숨통이 트이잖아. 집안일 할 짬을 주잖아. 애가 저 화면에 코 빠뜨리고 있으니, 그 시간만큼 난 자유다! 물론 하은이 어릴 땐 "옆에 앉아라" "같이 보자" "도라가 묻잖냐, 얼른 대답해라, 난 부끄러우니" 끊임없이 묻고 옆에 붙들어놨지만, 좀 크면 혼자 알아서 잘 보니 엄마는 정말 「쇼생크 탈출」 저리 가라였다. 애 옆에서 '합법적'으로 집안일이나 딴짓을 할 수 있었다. 이러니 쾌재를 부르지 않을 수가 있나!

이런 끝내주는 합법 마약이 대중화되면 세상 모든 아이들이 다 영어를 잘하게 되겠군 생각했지만, 어랍쇼! 사교육으로 돌려? 어렵다고들 난리? 이건 뭐지? 왜들 이 쉬운 걸 안 하지? 그렇게 한 세기가 지났다. 여전히 달라진 건 별로 없다. 그 시절보다 더 다양한 영상들이 각종 매체에 넘쳐나는데, 아이러니하게도 영어 사교육비에 엄마들 허리가 휜다.

사교육
내공

흔들릴 필요 없어,
휩쓸리지도 마

'꽃길'인 줄 알았는데 '흙길'이더만. 아니, 흙길마저 호사였다. 흙먼지 뿌연 그 길마저 '똥길'로 변하는 게 육아였다, 나에겐. 수시로 외롭고 버겁고 전투 같은 인고와 고통의 시간 속에서 그나마 잘했다 스스로 칭찬해 주는 유일한 한 가지, 바로 '책육아'다.

영유아 시절엔 다른 어떤 사교육도 시키지 않고 널널한 시간 속에서, 엄마 옆에서, 자연 속에서 실컷 놀면서 책과 함께 커가는 육아. 각종 수업과 비싼 교구, 방문 샘마저 들이지 않고 집에서 빈둥거리며 노는 중에 아이의 인성, 지성, 감성이 책으로 다져지는 육아. 바로 내가 정의한 '책육아'다. 이 세상 어느 아이보다 맑고 밝고 거침이 없는 순수한 영혼을 장착하는 건 물론, 문해력, 어휘력, 독해력, 수리력, 인내력, 창의력, 암기력, 통찰력 등 엄마가 키워주려 따로 노력하지 않아도 한큐에 균형 있게 성장시켜 주는 일석백조의 양육법이다.

학원 뺑뺑이 돌리느라 라이딩할 일도, 비싼 사교육비에 가랑이 찢길 필요도, 무리하게 진도 빼느라 눈물 콧물 빼며 애 잡을 것도 없다. 당장 눈앞에 보이는 진도? 선행? 흔들릴 필요 전혀 없다. 휩쓸리지도 마라. 학원 진도가 아이의 인생 성적표는 절대 아니거든. 섣불리 빼버린 선행 진도 맞추느라 정작 중요한 현생 진도에 구멍 뻥뻥나고 아이는 갈 길 잃기 일쑤다.

책과 함께 뒹굴며 문해력, 어휘력, 독해력 탄탄하게 다진 아이는 언제든 치고 나갈 준비가 돼 있어. 놀다 놀다지쳐, 양심에 찔려, 공부 좀 해야겠다 싶을 때 무섭게 몰입하거든. '어랍쇼~' 다 이해되는데? 너무 쉬운데? 느끼게 만드는 공부머리! 필요한 지식을 자유자재로 접하고 활용하는 운영 체계! 이 모든 걸 장착하게 되는데 뭐가 두려워? 결국 이게 '공부 저력'이고 '학습 역량'이고 '인생 무기'라는 거, 절대 잊지 마라. 무엇에 도전하든 무엇을 꿈꾸든, 반드시 해내는 아이로 클 테니까.

'1학기' 선행이 아니라
'인생'을 선행하고 싶다면

왜 옆집, 앞집, 뒷집 아이 수학 선행 어디까지 했는지, 영어학원 레벨 어느 정도 되는지 기웃거려? 그게 궁금해? 내 아이 뒤처질까 겁나? 몇 번을 말하든? '1학기 선행', '1년 선행' 해주는 게 학원이라면, '인생 선행'으로 진도 쫙쫙 뽑아주는 게 책육아라고.

책육아의 진도는 한계가 없다. 또 국, 영, 수처럼 교과목만이 아니라 인생 전체에 걸쳐서 만나게 될 모든 분야를 전담하고 책임져 줘. 언어, 사회, 역사, 예술, 수학, 과학, 철학, 소설, 자기계발 등등 나이 불문, 진도 상관없이 원하는 만큼 분야를 확장하고, 종횡무진 오갈 수 있게 해준다. 학원, 학습지, 과외처럼 "넌 몇 살이고, 몇 학년이니까 이것만 해" 하고 한계를 정해놓지 않아. 몰입 독서로 어휘력, 문해력, 배경지식이 충분히 쌓였다면 1년 선행이든, 5년 선행이든, 10년 선행이든, 얼마든지 쭉쭉 치고 나갈 수 있는 게 책육아야.

초등 3학년 하은이의 그리스·로마 신화와 유럽 역사에 대한 지식은 대학생을 능가했고, 한국사, 자연과학, 뮤지컬, 클라이밍, 체스, 큐브 등 자신이 꽂힌 분야 전문가의 지식을 찜 쪄먹을 수준의 책육아 키즈들이 수두룩하다. 모두 책을 통한 확장이었고, 그 몰입의 힘이 다른 분야로의 확장으로 끊임없이 번져나간다.

아이의 긴 인생을 놓고 볼 때 어느 학년, 어느 시점에 또래보다 조금 빠른 진도는 큰 의미 없다. 학원 진도가 반드시 아이의 공부 실력이라는 보장도 없고, 스스로 몰입해 터득한 '읽는 공부'와 학원 수업을 수강하기만 한 '듣는 공부'의 차이도 실제로 어마어마해.

어린 시절부터 학원, 학습지 없이 책만 들이파던 하은이, 중3 나이에 고3 진도까지 스스로 빼고 수능까지 보는 게 어떻게 가능했을까? 책육아로 단련된 '읽기 근육'만 있다면 어떤 과목, 어떤 텍스트도 씹어먹을 수 있다는 얘기다.

왜 성취의 경험을
학원에 외주로 넘겨?

"저도 버티고 버티면서 애 어릴 때 책 읽을 시간 확보해 주려고 했죠. 안 해본 거 아니에요. 그런데 아이가 초등 들어가고, 학년 올라가니까 이게 안 통해요. 며칠 전에 단원평가 점수 보고 충격받았다니까요. 이제라도 학원 다니면서 점수 복구해야지, 더는 버틸 수가 없어요."

학년 올라갈수록 흔들리는 순간 많을 거다. 책육아, 이 길 맞나? 남들 다 보내는 학원 안 보내서 내 아이만 뒤처지는 게 아닌가? 의심병이 터지는 날 왜 없겠냐. 나도 그랬는데. 한데 학원만 보낸다고 드라마틱한 성적 상승이 있을 것 같아? 아닌 거 알잖아. 결국 놀면서 책 읽을 시간, 뭔가에 몰입하며 두뇌 발달시킬 시간만 빼앗길 거라는 것도. 아이 스스로 자기주도 학습을 하게 하려면 '공부의 본질'에 접근하지 않으면 불가능하다.

결국 공부도 경험이다. 도통 모르겠고 안 풀리는 지문, 문제를 마주하고 어떻게든 혼자 끙끙대다 끝내 풀어내고야 만 경험. 이 '긍정의 경험' '성취의 경험'이 쌓여야 공부'도' 잘하는 아이가 된다. 그런데 이 귀중한 경험을 학원에 외주로 넘겨? 응당 아이가 감당해야 할 몫을 왜 학원으로 돌리냐고. 아이가 온전히 경험하게 해야지. 아이 스스로 긍정의 경험을 쌓아야 공부에 재미를 붙일 건데, 왜 자꾸 이른 시기에 돈으로 해결하려고 하냐고.

공부하기 싫어하고 모르겠다고 징징대면 속 터지지, 불안하고. 근데 그 넋두리 더 맘껏 하게 해. 엄마가 먼저 좌절하거나 애 잡지 말고. 같이 머리 맞대고 푸는 척이라도 해줘. 독서로 다져진 아이는 결국 잘 해내게 될 거니까.

학교, 학원 다니지 않고 대입 치른 하은이가 가장 강조하는 '혼공의 힘'. 훗날 어떤 도움을 받게 되더라도 자기 스스로 해내는 능력이 바탕이 되지 않으면 목표를 이루는 건 절대 불가능하다. 더불어 아이 옆에서 책 읽어주고 함께 고민하고 떡볶이 만들어주던 '누울자리' 엄마의 존재가 학원의 역할보다 훨씬 중요하다는 것도 알게 될 거다.

"학원 수업을 듣는 것, 인터넷 강의를 듣는 것, 과외를 받는 것 등 타인이 주도권을 잡고 있는 공부는 엄격히 따졌을 때 진정한 공부라고 할 수 없다. 사실 그것은 '배우고 익히는 것'이라기보다 '듣는 것'으로, 단순히 지식을 머릿속의 서랍에 꾹꾹 집어넣는 과정이라고 볼 수 있다. … 누군가가 떠먹여 주는 공부만 하는 게 아니라 스스로 시행착오를 거듭하고 다양한 시도를 통해 자신의 약점을 보완해 나갈 때, 그 순간이 바로 나의 실력이 올라가는 순간이 된다."

_『합격 공식』 '혼자 하는 공부가 진짜 공부다' 중

리스크와 베네핏 사이
최적의 밸런스

사교육 자체가 전부 나쁘다는 게 아니다. 초·중·고 내내 학원에 절대 보내지 말아야 한다는 얘기는 더더욱 아니다. '뻘짓＋독서＋놀이'가 시공간 제약 없이 뒤엉켜 돌아가며 몸과 두뇌를 폭발하듯 발달시켜야 할 그때, 이른 사교육으로 몰입 똑똑 끊어가며 효율 떨어뜨리는 일은 하지 말자는 거다.

투자 대비 결과가 월등히 좋아야 한다는 게 사교육에 관한 나의 생각이다. 이른 사교육을 반대하는 것도 투여된 시간과 비용 대비 결과를 내기 어렵고, 바라서도 안 되는 시기라서다. 해와 바람과 물과 사랑으로 땅속 깊이 뿌리를 내려야 할 때 화학비료 퍼부으며 어서 빨리 열매를 맺으라고 닦달해선 안 되는 거다. 맺을 순 있겠지. 한데 얼마 못 가 시들해져 버려. 농부의 사랑 못 받아 뿌리가 썩고 있는 걸 나무도, 농부도 몰랐으니까. 노지에서 비료 없이 씩씩하게 버티고 버틴 나무들이 한창 열매를 풍성하게 맺어나갈 때, 생기 없이 말라가는 나무로 키우진 말아야 한다.

바깥 놀이와 책육아로 어린 시절을 신나게 보낸 하은이도 대입 수능 준비하는 막판에 수학 과외 받았었다. 중2 때 자퇴하고 학교도, 학원도 없이 홀로 공부하며 외로운 싸움을 하다가 절체절명의 순간, 필요한 카드를 꺼내 적재적소에 쓴 거다. 아무나 안 받아주시는 국내 탑 클래스 선생님이셨는데, 테스트 수업해 보시고는 욕심나는 친구라며 그날 바로 시작할 수 있었다. 중3 나이에 수능을 치르는 말도 안 되는 도전이라 본인도 장담은 못 한다 하시면서도 머리 좋고 해맑은 아이로 잘 키우셨다며 혀를 내두르셨던 기억, 또렷이 난다. 중·고등 수학 6년의 전 과정을 초압축해 개념 정리·문제 풀이로 단기간 진행했고, 많은 도움이 됐다.

하지만 최종 1등급까지 끌어올릴 수 있었던 건 과외 자체보다도 혼자 공부하는 시간이 월등히 많았던 덕

"해와 바람과 물과 사랑으로
땅속 깊이 뿌리를 내려야 할 때
화학비료 퍼부으며
어서 빨리 열매를 맺으라고
닦달해선 안 되는 거다."

분이다. 그날 받은 수업을 집에 돌아와 자기만의 언어와 방식으로 재정리해 완벽하게 개념을 이해하고 비슷한 유형의 문제를 차고 넘치도록 풀었던 시간들이 있었기에 가능했다. 책육아로 다져진 뛰어난 공부머리가 최적의 시기에 적절한 사교육과 만났을 때 발생되는 시너지는 가히 폭발적이라는 거다. 그 반대로 정말 중요한 순간에 아이가 준비되어 있지 않으면 아무도 도와주지 못한다. 처절한 상황이 아닐 수 없다.

시간이 지날수록 육아는 '밸런스 게임'이라는 생각이 든다. 리스크와 베네핏 사이, 최적의 밸런스를 찾는 게 엄마의 역할이라는 얘기다. 리스크보다 베네핏이 크면, 당연히 그 선택은 해야 하는 거다. 그 반대라면 아이를 그 길로 보내면 안 되는 거고. 특히 사교육은 목표한 지점까지 길게 보는 안목이 중요하다. 어릴 때부터 학원 정보 수집하는 데 에너지 쓰고, 허리 휘는 학원비 감당하면서 아이 스스로 읽고 쓰고 생각하고 탐험할 기회를 뺏지 말고, 정말 필요한 시기에 서포트해 줄 수 있는 비용과 지성을 축적해 놓아야 효율이 좋다는 얘기다. 어떻게 최적의 밸런스를 찾아갈지는 엄마의 선택에 달렸다.

학년이 오를수록
잘하는 아이의 비밀

학년이 오를수록 더 깊이 들이파며 독서 영역을 무한대로 넓혀나가는 아이가 있는가 하면, 책과는 점점 멀어지며 공든 탑 수시로 무너뜨리고 스마트폰, 유튜브, 게임에 빠지는 아이가 있다. 이 두 아이의 결정적 차이가 뭘거 같아?

딴 거 없다. 책을 계속 '사주느냐' '안 사주느냐'의 차이다. 애가 안 읽으니까 책을 안 사게 되는 게 아니라, 엄마가 책을 줄이고 안 사니까 애가 책을 안 보는 거거든. 입은 삐뚤어져도 말은 바로 하자. 집에 읽을 책이 있어야 읽지. 안 그러냐?

초등 들어가고 학년 높아지면 당연히 독서 반복 횟수는 줄어들지. 애가 읽기 능력이 향상되고 이해력이 증폭하는데 당연한 거다. 그럴수록 더 사서 책의 분야를 다양화시키고 넓혀서 독서력을 키워주고 재미와 이해력을 폭발시킬 생각을 해야지. 집 좁다고, 돈 아깝다고, 정신 사납다고, 애가 도통 안 읽는다고 없애고 안 사? 그동안 들인 공과 노력이 아깝지 않아?

그리고 무엇보다 집에 책이 그득그득 많아야 하는 이유가, 아이의 관심이나 호기심은 시시각각 변화하고 어느 순간 느닷없이 불꽃 튀듯 표출되기 때문이다. 그때 그 순간, 그 관심사와 연결된 책이 내 집 내 거실에 꽂혀 있는 아이와 그렇지 않은 아이의 인생은 완전히 다르다. '어, 이 책이 우리 집에 있었네' 반갑게 손에 들고 그 자리에서 쭉쭉 읽어 내려간 아이의 시선과 배경지식은 그렇지 않은 아이의 미래와 180도 다른 게 당연하지 않겠어?

학교 도서관에 있는 책도, 대여했다 반납하는 책도, 사들였다가 애가 안 본다고 금세 팔아버리는 책도, 항상 집에 있는 책의 역할을 할 순 없다. '고 때 딱, 고 순간 애 손에 착!' 들려줘야 한다.

그리고 애가 좋아하고 잘 보는 책만 애를 성장시켜주는 게 절대 아니다. 만년 대기자, 후보자 신세로 거들떠

보지도 않던 책들이, 괜히 자리만 차지하고 있는 것 같고 외면받던 책들이, 어느 날 난데없이 아이의 새로운 영역을 뚫어 넓혀주는 '마중물' 책으로 급부상하는 벅찬 순간들, 반드시 온다. 그 짜릿한 순간들이 있었기에 지금의 하은이가 있는 거고.

그런 벅찬 경험들이 축적될수록 자기 취향에 맞는 책을 취사선택하는 아이의 능력도 함양된다. 엄마 책장을 기웃거리며 수준을 높여가던 아이는 어느 순간 엄마에게 책을 브리핑하고 추천하는 경지에까지 이른다. 찡긋 웃으며 그 책을 손에 쥔 엄마는 책장을 넘기다 눈물 콧물 좔좔 흘리며 어린 시절 채 못 다진 정서와 사랑을 꽉꽉 채워간다. 세대를 뛰어넘는 책육아의 선순환이 아닐 수 없다.

내 아이의 목덜미를 잡아채자

난 요즘 하은이는 내가 키운 게 아니라는 생각이 들어. '책'이 키운 아이, '자연'과 '놀이'가 빚어낸 아이.

세상은 온갖 기술력을 동원해 이 반대편으로 아이를 끊임없이 유혹한다. 스마트폰, 게임기, 또래문화, 아이돌, 대중문화, 각종 미디어… 계속 귀신처럼 들러붙고, 좀비처럼 끌어당겨 아이들의 정신을 빼놓는다. 방법은 날로 진화되고, 더 흥미롭게 더 자극적으로, 한번 걸려들면 빠져나가지 못하게, 한번 경험하면 완전히 중독되어 버리게, 교묘하고 치밀하게 이성을 마비시킨다. 더 큰 문제는 평범한 일상을 시시하게 느끼게 하고, 무기력하게 만들어 버린다는 거다. 땀 범벅이 되도록 미친 듯이 뛰어놀고 공 차고 뒹굴어야 할 아이들이 고 조그만 스크린 화면에 코 빠뜨린 채 시들어간다. 자본주의, 상업주의 원리가 그렇다. 유형, 무형의 제품과 콘텐츠를 팔아야 하니까. 그래야 그들도 살아남으니까.

그런데 정말 아이러니한 건, 세상은 이 세상에 물들지 않은 아이를 원한다는 거다. 학식과 지식과 문화가 함양된 인재를 요구한다. 모순이지만 현실이다. 세상의 유혹을 견뎌내고 독서를 통해 지식을 통합할 줄 아는 아이가 뛰어난 인재라는 것을 그들은 안다.

이 모순과 부조리함을 엄마인 내가 알게 된 이상, 내 자식의 목덜미를 잡아채 와야 한다. 다른 누구도 아닌, 엄마가. 아이는 아직 모르잖아. 이 치밀하게 계산된 판 위에서 놀고 있다는 사실을, 자본의 힘에 의해 조종당하고 있다는 진실을! 다시 아날로그로 끌고 와야 해. 세상의 리더가 되기 위해서, 소비자가 아니라 창조자, 개발자, 투자자가 되기 위해서!

사교육 속으로, 세상 속으로 걸어 들어가려는 아이의 목덜미를 잡아채 와 다시 책으로, 자연과 공상이 가득한 실재하는 삶으로 풍덩 빠뜨려야 한다. 안간힘을 써서라도!

뒷감당 못 해,
앞감당 해

전국 팔도 엄마들 직접 만나 상담하면서 참으로 황망하고, 참담할 때가 많다. 육아에서 절대 놓치지 말아야 할 중한 것들을 놓쳐버리고, 땅을 치는 어미의 휑한 가슴을 눈앞에서 보는 것만큼 가슴 아픈 일도 없다. 그저 보듬어 줄 수만도 없다. 멱살을 잡고 뺨따귀를 후려치는(!) 맘으로 두 눈을 주시하며 말한다.

"절대 놓아서는 안 되는 걸 놓았고, 절대 양보해선 안 되는 걸 양보했고, 절대 물러서는 안 되는 걸 물러선 거야. 그 결과가 이리 처참한 거다."

진즉 쥐여줘 버린 스마트폰, 노출해 버린 각종 미디

어, 과도한 사교육, 바깥 음식, 무너진 집밥, 대화 단절…
자기도 어쩔 수 없었노라고, 버티다 버티다 그런 거라고,
이렇게 모든 게 다 무너지고 막혀버릴 줄은 상상도 못 했
노라고 울부짖는 그녀를 난 뜨거운 눈빛으로 바라보고
같이 울어준다. 그렇게 다 토해내야 하거든. 인정하고 다
쏟아내야 그제야 비로소 새롭게 일어날 힘을 낼 수 있으
니까.

　뒷감당 못 해. 너무 힘들어. 불가능하진 않지만, 공
포에 가까운 두려움과 분노, 억울함, 서글픔이 휘몰아쳐
와서 이겨내고 뚫어내는 것 자체가 너무나 힘겨워.

　앞감당 해. 뒷감당보다 백 배 쉽고 돈 안 드는 앞감
당! 좀 귀찮고 지겨워도 손잡고 나가주고, 책 읽어주고, 놀
아주고, 박수쳐 줘. 한 살이라도 어릴 때 애 곁에 있어 줘.
절대 폰 쥐여주고, 패드 눈앞에 세워주는 짓 하지 마. 대학
들어가면 최신형폰 목에, 팔에 주렁주렁 걸어준다 그래.

　할 수 있어. 하고들 있고. 책과 사랑과 아날로그 놀
이로 얼마나 많은 책육아 주니어들이 딴딴하게 커나가고
있는지 모른다. 우리 아이도 미친 체력, 멘탈, 근성, 배짱,
위기대응력, 회복탄력성, 거기에 풍부한 지성과 흘러넘
치는 사랑까지 가슴에 품은 위대하고 존엄한 인재로 자
라게 될 거다. 그러니 지금 해, 지금!

늦었다 생각 말고
같이 해

꾸준히 책 읽다가도 사는 게 바빠 한동안 읽지 않으면 어느 순간 탁 느껴진다. '내 언어의 빈곤함.' 번뜩이던 어휘력과 통찰력에 제동이 걸리니 삶의 질이 추락한다. '허걱!' 하는 맘으로 미친 듯이 책을 들이판다. 휴, 이제야 좀 사람다워진다. 어른인 나도 이럴 진데 한창 어리고 말랑말랑 스펀지 뇌를 가진 아이에게 꾸준하게 책 읽히고, 다양한 분야의 독서 환경에 노출해야 하는 건 너무나 중요한 일이다. 독서를 통해 자연스레 머리가 좋아지니 언변이 다채롭고 유창할 수밖에 없을 테고, 공부고 일이고 인간관계고 연애고 뭐고 다 수월해서 인생 과제가 다 쉬운 아이로 커갈 거 '딱!' 답 나오잖아.

아이가 책 잘 안 본다고 푸념하지 마. 애는 원래 책을 잘 안 봐. 세상에 책보다 재밌는 게 얼마나 많은데 진득이 앉아 책을 보겠냐? 그러니까 똥인지 된장인지 모르는 까꿍이 시절에 어떻게든 책과 친해지게 만들어 버리고, 6~7살쯤 책육아 알았으면 미친 듯이 책 사 쟁이며 토 나오도록 읽어주고, 청소년 시기에 시작했다면 애한테 사죄하고 관심 분야책 왕창 사서 빌어서라도 읽혀야 한다.

그러면서 애 옆에서 문고판, 단행본 청소년 책들 같이 봐. 애랑 앞서거니 뒤서거니 하면서. 유치하다고? 어쩔 수 없어. 가장 빠르고 돈 안 드는 길이야. 그리고 아마 깜짝 놀라게 될 거다. 어쩜, 이렇게 수준 높고 훌륭하다니! 생각보다 더 재밌고 흥미진진하고 손에 땀을 쥐게 만들어. 하은이 16살 입시 준비하던 시절에 괜히 내가 초조하고 긴장돼서 성인책이 잘 안 읽히길래 하은이 책장에서 문고판, 청소년 문학들 닥치는 대로 막 읽어댔거든. 근데 와~ 미치게 재밌어. 딱 내 수준! 그때 일취월장 성장한 내 독서력과 속독 능력은 두말하면 입 아프고, 아이랑 책 얘기하면서 사이 가까워지고 감정 힐링하고 해독되는 건 말해 뭐해. 그렇게 엄마랑 아이 같이 성장하는 기가 막힌 그림이 완성된다.

"공부를 왜 해야 돼?"
내 자식이 묻거든

"공부를 왜 해야 하는데?"

시니컬하기 그지없는 표정으로 애가 묻는다. 진정 궁금하고 알고 싶어서 묻는 게 아니다. 하기 싫다는 거다. 안 하겠다는 거다. 죽어라 해보지도 않았으면서 벌써 포기하려고 드는 저 아이를 어째야 할까. 주둥이를 한 대 '짝' 소리 나게 때려주고 싶으나, 우린 배운 엄마들이니 차분히 얘기해 줘야겠지. 어금니 꽉 깨물고, 심호흡 한번 크게 하고, 주변에 무기 될 만한 거 치워놓고….

"수지야, 돌돌아, 네가 공부를 열심히 해야 하는 이유는 네가 너무 소중해서야. 네가 널 너무 사랑해서이고,

네가 너에게 좋은 걸 베풀어 주고 싶어서란다."

똥 씹은 표정으로 애미를 꼬나보며 지 방으로 들어가려는 순간, 애 어깨를 '턱' 잡고 얘기해.

"입 아프게 너를 사람들에게 증명하지 않아도 돼. 공부가 얼마나 너의 삶을 멋지게 세팅해 줄지 지금은 잘 모르겠지만, 그게 현실이야. 그리고 이 세상에서 공부가 제일 쉬워, 재밌고. 제대로 열심히만 해보면 알아. 만약 영화를 하루에 12시간 내리 보라 그래 봐. 힘들어 죽어. 근데 한번 꽂히면 밤새도 할 수 있는 게 공부야. 공부는 머리가 아니야. 태도고, 습관이야. 학창 시절 공부에 몰입해 본 경험은 그대로 사회에 나가서 성취하고픈 무언가를 성취해 내는 경험, 태도, 습관이 돼. 물론 어렵고 힘들고 버거울 테지만 한번쯤은 미친 듯이 몰입해 보면 좋겠어."

애는 들은 척도 안 할 거고, 엄마는 또 공허한 외침녀가 되어있을 거다. 그래도 진지하게 전한 이 말은 아이 뇌리와 심장 어딘가에 결국 남아. 절대 허공에 날아가지 않아. 물론, 얼마나 깊이 각인될지는 엄마의 몰입 독서와 성실 육아와 바른 삶이 반드시 선행되어야 한다. 아이는 매의 눈을 갖고 있어서 엄마의 일상을 기가 막히고 코가 막히게 진단하고 평가하고 있거든. 엄마가 열심히 잘 살아야 엄마 말에 힘이 '빡!' 실린다.

육아에 미치지 않으면
엄마도, 애도 미친다

마음만 오만 팔천 번쯤 먹고 실행하지 않는 엄마들에게, 나중에 모든 게 준비되면 시작한다며 미루고 또 미루고 있는 엄마들에게, 충고 좀 하고 갈게.

"너무 늦는 수가 있다. 돌이킬 수 있는 때도 한계가 있어."

이제는 다 커서 서둘러 앞서가는 하은이 보면서 내가 느끼는 게 많다. 더 이상 강제로 불러세울 수도, 멈추게 할 수도 없어. 발목을 잡아서는 더더욱 안 되고. 자기 인생, 날개 펴고 훨훨 날아가는데 내 자식이라고 어미란 사람이 어찌 이래라저래라 할 수 있겠어.

아이는 마냥 기다려 주지 않아. 엄마의 역할이 필요한 딱 그 순간, 엄마가 있어야 할 자리에서 최선을 다하는 것, 엄마 인생에서 이보다 더 중요한 일이 어디 있겠어? 내가 이렇게 저렇게 요래조래 발버둥 치며 살아 보니 어차피 썩어 문드러질 몸뚱아리 기꺼이 갈아서 '내가 낳은 내 자식'에게 주는 일, 절대 손해 보는 일 아니다. 내 인생 커리어로 봐도 남는 장사인 건 말할 것도 없고.

절대 나처럼은 크게 하지 않겠다는 간절함으로 시작한 책육아, 이왕 가기로 한 그 길 가는데 그까짓 내 몸, 손·발품, 성대의 희생쯤 진짜 아무것도 아니지 않겠어?

꼭 필요한 시기에 '엄마의 역할'이 육아에 미치지 않으면, 결국 엄마도 애도 미친다. 편하게 돈으로 해결하려 하지 말고, 학원에 밀어넣고 나 몰라라 하지 말고, 책육아에 제대로 미쳐봐. 책 사는 데 온 열정을 불태워 보고, 책 읽고 읽히는 데 목숨을 걸어봐. 우린 끝내 뚫어내게 될 것이고, 타협이란 없을 것이고, 책은 계속 사는 것이다. 이 사실만 기억한다면, 엄마만 포기하지 않는다면, 절대 실패할 수 없는 게 이 길이다.

재테크
내공

'맑은 돈세탁'이란 이런 거다

내가 정의하는 '선한 부자'란, 정직하게 많이 벌고 이로운 곳에 쓰되, 나를 통해 '돈이 흐르게' 하는 거다. 즉, 나에게 들어온 돈이 머물러 있지 않게 하는 것. 내 능력을 이용해 돈을 벌고, 내 안에 있을 때 투자해서 불리고, 도움이 필요할 곳에 기꺼이 쓰면서 큰 흐름을 만들어내는 것. 캬~ 정말 멋지지 않냐?

이건 세상의 돈을 끌어당겨서 깨끗하게 정화하는 그야말로 '맑은 돈세탁'이다. 그러니까 '화이트 필터링'이지. 부자 돼서 떵떵거리고 사는 게 목적이 아니라, '머니 플로우'로 인한 큰 에너지를 만들고, 거대한 에너지로 인해 선한 영향력을 창출하는 게 목적이다.

난 지금껏 보험설계사 일하며 번 돈, 책 쓰고 강연하며 번 돈의 10% 이상을 항상 기부했다. 전 세계 100개 학교 짓기 프로젝트를 하고, 매달 35명의 결연 아동을 후원하며 돈이 나를 통과해 좋은 곳에 쓰이도록, 내가 화이트 필터가 되어 살고 있다. 나와 같은 꿈을 꾸는 친구이자 고객인 조직원들과 함께 사부작사부작 일 꾸미고 놀면서.

성장 이전의 돈에 대한 내 태도가 가난의 대물림을 끊어내려던 몸부림이었다면, 이젠 많이 돕고 싶어서 많이 번다. 더 많이 벌려면 똑똑해져야 하니까 책도 많이 보고 새벽같이 일어나 공부도 한다. 많이 버니까 더 많이 나누게 되는 이 놀랍도록 신비로운 선순환의 과정! 미치도록 짜릿해서 자다가도 번쩍 눈이 떠진다. 떠진 눈으로 또 책을 보고 나누니 비슷한 사람들이 내 주위에 모이고 좋은 자리에 초대된다. 와, 그들만의 리그에 내가 초대받다니! 나만 생각하고 내 불행에만 매몰되어 있을 때는 전혀 보이지 않았던, 상상조차 못 했던 세상이다.

선한 부자로 가는 길은 간단하다. 나만의 안위가 아닌 남을 돕는 일이 삶의 목적이 되면 된다. 일 자체가 기쁨이 되고 보람이 되니 멈출 수도 없다. 부의 선순환이 내 것이 된다.

내가 만난 부자들의 '돈'에 관한 태도

총기와 호기심이 가득한 눈빛, 여유 넘치는 표정, 겸손과 미덕이 느껴지는 자세와 제스처. 살면서 내가 직접 만난 부자들의 대표적인 특징이다. 그들과 함께하는 순간은 항상 편안했고, 대화는 막힘이 없었다. 경제, 사회, 문화는 물론 그들 대부분이 역사에 관한 해박한 지식의 소유자들이라는 점이 놀라웠다. 오래된 다독가라는 게 매 순간 느껴졌음은 물론이다.

그리고 무엇보다 그들의 돈에 대한 태도는 나를 항상 고무되게 만들고, 정신 바짝 차리게 했다. 그들은 일상 속 소소하게 새는 돈은 꽉 틀어잡는 '짠돌이'로 보이지만, 사람들과 만남, 교류, 기부, 배움에는 정말 아낌없이 돈을 쓴다. 진짜 아낌없이. 40~50대가 훌쩍 넘어가는 그들 중 상당수가 여전히 학생의 신분이었다. 그 바쁜 일정 중에도 경영대학원이나 투자스쿨, 다양한 세미나 등에 소속되어 있었고 그곳에서 접하는 사람들과의 네트워크 형성에 시간과 열정을 쏟아붓는다. 그러기 위해 헬스, 골프, 승마 등의 운동으로 체력을 단련하는 일 또한 게을리 하지 않았고, 수시로 떠나는 여행은 그들에겐 소비가 아닌 '경험 축적'이자 '식견 확장'의 기회다.

쓸 곳과 안 쓸 곳을 정확하게 구분하는 판단력과 안목을 가졌다는 것, 시간이나 공간, 물질을 잘 활용해 마음먹은 모든 계획을 빠르게 실행해 내는 면모들. 진짜 훔치고 싶었다. 미치도록!

그들을 딱 한 마디로 정의하자면 '기버'다. 사람들에게 무언가를 끊임없이 준다. 밥과 술을 사고, 음악회와 미술관 티켓을 선물하고, 지식과 지혜를 나누고, 특히 다양한 곳에 기부한다. 나도 그들과 함께 일하고 공부하고 경험하면서 '기버'로 살아온 지 10년이 훌쩍 넘었다. 시간과 돈을 배움에 투자하고 기부하고, 고마움과 미안함, 감사함을 잘 표현하며, 그런 삶을 누리고 즐길 줄 알게 된 건 다 그들 덕분이다.

'돈의 노예'로 살 것인가?
'돈의 통제자'로 살 것인가?

1. 월급의 50% 강제 저축·지출 통제, 2. 목적 자금별 분산 저축, 3. 월급의 2배 예비 자금 통장 상시 보유, 4. 카드·마이너스 통장 없애고 안 쓰기.

선한 부자로 가는 재테크 생활 수칙 4가지다. 물론 이게 다는 아니지만, 이것만 지키며 살아도 부자의 초입에 발 디딜 수 있다. 이 생활이 습관이 되고, 자동 시스템이 되면, 수입이 늘어감에 따라 종잣돈 차곡차곡 모으고 투자하고 굴려 건강하게 자산이 불어 나가는 재미를 만끽하게 된다. 이조차도 못 하겠으면, 부자의 꿈 고이 접어 나빌래야지. 가난과 대출의 굴레 힘겹게 이고 지고 가며 나라 원망하며 살든가.

선택해. 부자들의 피비린내 진동하는 지독한 노력은 보지 않은 채 지금의 결과만 보고 이리저리 헐뜯으며 순간의 쾌락만을 좇을 건지. 아니면, 당장이라도 책 읽고 투자 공부하고 카드 자르고 모임·쇼핑질 딱 끊고 미친 듯이 성장하는 부자의 삶을 살 건지를.

눈 똥그랗게 뜨고 크고 있는 내 자식에게 부끄럽지 않은 엄마가 되어야 해. 가난하게 태어난 건 잘못이 아니지만, 내가 일군 내 대에서 가난하게 사는 건 결국 내 탓이다. 많이 벌든 악착같이 아끼고 모으든 내가 가진 젊음과 건강한 몸뚱이로 못 할 게 없다.

난 하은이 키우면서 그 생각 진짜 많이 했다. 책육아로 반드시 잘 크게 될 이 아이가 나중에 진심으로 사랑하는 사람이 생겨 결혼이란 걸 하게 될 때, 목에 칼이 들어와도 돈 때문에 그 선택에 영향을 미치게 하지 말자, 내가 부자 엄마가 되어있자, 그러자.

결단은 내가 하는 것이며 책임도 온전히 내가 지는 거다. 한 아이의 엄마가 된 이상 그 누구에게도 책임을 전가하거나 원망해선 안 된다. 남편에게도, 부모에게도…. 죽을 때까지 돈의 노예로 살 것인가. 오늘 당장 돈의 통제자로 바로 설 것인가. 어떤 삶을 살 텐가!

아이를 위한
살아있는 돈 공부

의류 사업가가 꿈인 하은이 대학교 새내기였던 18살에 회원제 의류 쇼핑몰을 오픈했다. 개인사업자도 내고 직접 운영하며 A부터 Z까지 혼자서 모든 걸 해냈다. 말이 쉽지, 소싱부터 사입, 업로드, 주문 체크, 발주, 발송, 재고 관리까지 모든 절차를 차근차근 해내는데, 옆에서 보는 나도 턱이 빠질 정도로 복잡하고 어려운 일투성이였다. 육체적·정신적 피로감도 엄청났지만, 초반에 새벽 도매시장에서 겪었던 무시와 냉대, 홀대받은 이야기들을 전해 들을 땐 당장 때려치우자고 버럭버럭 소리를 질러댔었다. 그럼에도 불구하고 3년 넘게 성공적으로 운영했고 매달 300만 원 전후의 순수익을 냈다.

그냥 예쁜 옷 사입해서 마진 붙여 파는 게 의류 사업의 전부가 아니라는 걸 매일매일 울면서 느꼈고, 반품 안 되는 소량 구매 판매자라는 핸디캡을 안고 팔릴 만한 디자인, 수량을 정확하게 예측하고 완판시켜 버리는 기술을 터득해 갈 땐 이게 경영학이고 통계학이지 싶었다. 그리고 윗동네 깊은 우물처럼 그 속을 절대 알 수 없는 고객님들의 오락가락 취향과 기호를 귀신같이 파악해 치밀하게 계획하고 시장을 예측하는 '심리 게임'이 비즈니스라는 걸 뼈저리게 느끼는 과정이기도 했다.

내 아이가 열심히 공부해 좋은 대학 가고 고소득 직업을 갖든, 꽂히는 분야를 자유롭게 창작해 수익을 내든 구체적인 꿈을 찾는 것부터 어떤 길로 가야 가능한지, 더 나아가 그 업계의 생태는 어떤지, 어떻게 돈을 벌 수 있는지까지 끊임없이 대화 나눠보고 함께 찾아봐야 한다. 그 꿈을 찾는 데 도움이 될 만한 정보를 제공하고 현실적 고민을 머리 맞대고 함께 하면서 막연한 그림들이 또렷한 완성작으로 변해가는 거니까.

그렇게 비즈니스와 학업이라는 두 마리 토끼를 다 잡은 녀석은 엄마에 이어 2021년도 2월에 기아대책 후원자 리딩그룹인 '필란트로피 클럽'에 가입하면서 5년 내 1

억 원 기부를 약정했다. 만 18세 나이, 기아대책 역사상 최연소 멤버다. 어릴 때부터 나 따라 기부, 봉사, 나눔을 일상처럼 실천해 온 터라 그 기쁨과 뿌듯함을 잘 알고 선택한 일이니 부담스러워도 해내야지 어쩌겠나. 더불어 돈의 큰 플로우를 만드는 게 얼마나 중요한지, 스스로 인생을 통해 체득하게 될 테니 이 과정이 아이 자신에게 얼마나 큰 자산이 될지는 상상만으로도 짜릿하다.

지혜를 나누면
돈이 들어온다

물질이든 즐거움이든 지혜든 무언가를 남에게 나눠주면 나에겐 돈이 들어올 수밖에 없다. 내가 지난 15년 동안 연봉이 20배 수직 상승하는 과정에서 몸소 깨달은 결론이다. 과거의 내가 그저 조금이라도 더 가지려고 일했다면, 돈의 원리를 깨닫고 난 이후의 나는 뭔가를 끊임없이 나누고 알려주려 노력했다. 그 차이로 인한 결과는 극명했다. 돈에 대한 마인드를 바꾸고 실천에 옮겼을 뿐인데 끊임없이 고객이 늘어갔고, 수입은 기하급수적으로 높아졌다.

어쩔 수 없이 덤벼든 영업이라는 세계는 삽시간에 도태돼 버릴 수 있는 위협 그 자체였지만, 난 이미 돌아갈

다리를 불태우고 뛰어든 불구덩이였기 때문에 미친 듯이 공부하지 않을 수 없었다. 살아남아야 했으니까. 그때 만난 경제학, 비즈니스, 투자계의 대가들인 워런 버핏, 앙드레 코스톨라니, 피터 린치, 이나모리 가즈오, 사이토 히토리, 토니 로빈스, 김승호… 그분들은 내가 부의 가문을 여는 길잡이가 돼주었다. 돈 많은 부자들을 욕하면서도 없어서 전전긍긍했던 부모 밑에서 자란 내가 돈에 대한 생각을 바꾸는 게 어디 쉬웠겠니? 매일 울면서 다녔다. '큰돈을 벌고 싶다'도 아니었다. 그저 '하은이 잘 키우고 녀석 꿈 이뤄주는 데 뒷바라지만 할 수 있게 해주세요' 그거 하나였다. 사랑의 힘이었다.

낭떠러지에서 안 떨어지려 발버둥 칠 때 그들이 나에게 속삭였던 한 마디, "나눠" "알려줘" 에잇! 밑져야 본전이다. 내가 가진 보잘것없는 책육아의 경험과 노하우를 마구 나눠줬다. 블로그로, 강연으로. 특히 고객과의 계약은 내가 가진 지혜를 나눠줄 멘티를 만나는 과정이었고, 그들의 눈부신 변화와 성장은 더 큰 나눔을 위한 근거가 되었다. 더 많이, 더 크게 나누자!

세계 곳곳 35명 아이의 엄마, 전 세계 24개 학교의 후원자, 3개 축구단의 구단주가 된 난 오늘도 나눔의 희열을 찾아 전국을 누빈다.

"물질이든 즐거움이든 지혜든
무언가를 남에게 나눠주면
돈이 들어올 수밖에 없다.
내가 지난 15년 동안 연봉이
20배 수직 상승하는 과정에서
몸소 깨달은 결론이다."

육아 기간이
허송세월이면 안 된다

　　돈 걱정의 굴레, 돈 문제로 벌어지는 숱한 다툼들, 이 지긋지긋한 인생의 속박에서 간절히 벗어나고 싶었다. 스스로 자립, 자립하자. 내가 벌자. 내가 모으자. 내가 성공하자. 누군가 떠먹여 주는 거 기다리지도 말고, 내가 하자. 여자가 독을 품으면 뭔들 못 해. 애 제대로 키워본 여자는 산도 옮긴다.

　　진짜 앞뒤 안 보고 미친 듯이 살았다. 성실하게 일했고, 무식하게 읽었고, 손가락 닳도록 쓰면서 천하무적 자립인으로 우뚝 섰다. 가난의 대물림 간신히 끊어내준 부모님, 이제 내 대에선 '부의 가문'으로 뒤엎어 버린다!

내가 그리 해낼 수 있었던 원동력은 단연코 육아 기간에 다져진 생활 내공과 독서를 통한 성장 덕분이었다. '최하은'이라는 무시무시한 딸내미 교관의 처절한 트레이닝 과정을 피하지 않고 정면 돌파한 덕이었고. 끔찍했지만 감사한 시간이었다.

육아하는 기간이 허송세월이어서는 안 된다, 절대! 세상 어떤 직장인, 사회인보다 열심히 살아야 하며 자기 관리, 자기계발 철저히 해야 하고, 영리하게 돈 모으며 애잘 키우고, 읽고 쓰는 루틴 만들면서 마침내 세상으로 박차고 나갈 몸, 정신, 재정 관리 능력을 훈련하는 시기여야 한다. 절대 허튼 데 돈 쓰지 말고, 아끼고, 묶고, 버틸 수 있는 긴축 재정 모드를 갖추는 건 기본이다.

남편이 벌어다 주는 돈 함부로 쓰고 제대로 관리 못하면, 맞벌이로 같이 벌어도 앞으로 들어와도 뒤로 다 사라지는 거 순식간이다. 돈은 강제로 묶어놓지 않으면 모래알처럼 빠져나가 버린다. 인생의 목적 자금별로 딴딴하게 묶으며 영리하게 모아 나가지 않으면 안정된 미래는 영영 오지 않는다.

그저 흘려보내는 육아 기간이 아니라 다방면의 능력을 쌓는 숙련의 시간으로 채워보자. 이때 쌓은 내공이 엄마도 아이도 선한 부자의 길로 이끌어줄 게 분명하니까.

'물건'에 쓸 것인가?
'경험'에 쓸 것인가?

어느 날 갑자기 깨달았다. 아침에 눈 떠서 자기 전까지 내 뇌리 속을 꽉 채우고 급기야 잠식해 버리는 고민이 바로 '소비'에 관한 거였다는 걸.

'뭐 살까?' '어디서 살까?' '얼마가 최저가지?' '할인은 뭐로 받냐?' '어머, 공구 떴네?' '반품은 어떻게 하지?'

미친, 이건 애를 키우고 있는 게 아니라 물건을 사고 있는 거잖아! 멈춰라, 인간아. 이제 그만! 살 만큼 샀잖아.

육아는 절대 '소비'가 아니다. '즉각 실행'을 해야지 '즉각 소비'를 하고 있으면 어떡하냐. 육아도 살림도 '템빨' '장비빨'이라고? 그 장비 들여서 육아도 살림도 좀 나아졌어? 아니잖아. 귀신을 속여.

편하려고 사들인 육아용품과 물건에 치여 순간순간 빛나던 녀석의 귀함을 못 알아본 채 살고 있다는 걸 깨닫고서 버린 짐이 한 트럭이었다. 아까운 내 돈과 시간들…. 그 이후 물건이 아닌 경험에 투자하면서 내가 얻게 된 삶의 윤택함과 여유로움은 상상 이상으로 황홀했다. '많음의 부대낌'에서 '없음의 자유로움'으로! 소비로 행복을 채우려는 생각을 버린다는 것, 안 사고 비울수록 삶이 얼마나 자유롭고 풍요로워지는지 느끼며 산다는 것, 진정한 누림의 삶이다.

아이도 엄마도 끊임없이 노력하며 성장한 지성과 확장된 시야만큼 온 세상, 온 우주를 악착같이 누리고 살고 싶은 거잖아. 그러려면 애먼 데 정신 팔려 물질 기반, 편리 지향, 물건 수발에 빨려 들어가선 안 된다. 내 재원, 시간, 에너지, 감정, 기분이 은연중에 좌지우지되고 슬슬 누수되는 걸 알아차리고 그 순간 탁! 끊어내야 돼. 훈련하면 누구든 할 수 있다.

지금부터 내 돈과 시간 체력은 오로지 자신과 가족을 채우고 사랑하는 데 쓰는 거다. 책과 문화와 예술과 여행, 그리고 기부와 봉사에! 평생의 자산으로 남을 귀한 경험에!

사교육비 26조,
노후 대비는 어쩔 건데?

대한민국 사교육비 26조 시대고 나발이고, 사실 내 가족 먹고사는 게 더 중한 문제다. 날벼락 같은 코로나 시국 겪어봤잖아. 와, 진짜 '어어어~' 하다 남편 일터 없어지는 거 순식간이고, 사지로 몰린 자영업자들 턱턱 쓰러지는 거 코앞에서 봤다. 2020~2021년 주식, 부동산 광풍에 휩쓸려 제대로 된 공부 없이 투자했다가 물려버린 채 가파르게 오른 대출금리에 허덕이는 가정도 수없이 본다.

제대로 된 투자가 아닌 투기에 휩쓸리는 이유, 뭘 거 같아? 결국 내 자식 어려움 없이 잘 키우고, 여유로운 인생 영위하려는 거 아니겠니? 빡빡한 현실에선 당최 답이 안 나오니 뭐라도 해보려다가 쉽게 돈 불릴 수 있는 한 탕주의에 솔깃해질 수밖에. 내가 가장으로 살아온 지 오래되다 보니 그 맘 뭔지 너무 잘 안다. 성실하게 일해서 차곡차곡 모으며 미래 준비하고 있다면, 절대 리스크에 '몰빵'하지 않는다. 현재가 여유롭고 살만해야 이성적인 판단을 하게 된다.

매달 사교육비로 수십, 수백만 원씩 쓰는 짓, 절대 하지 마라. 부질없어. 책육아 해. 당근에서 중고전집 개똥값에 사서 읽히고, 저렴한 DVD 사서 원어민 만들어 버리고, 학원 보낼 시간에 자연 속에서 놀려. 남들 들이는 사교육비 100~200만 원 중 50만 원만 애들 이름으로 길게 묻어뒀다가 딱 필요한 시기에 하은이처럼 막판 과외를 붙이든 예체능을 시키든 유학을 보내든 해서 결과 내 버리고. 그래도 남들 반의 반의 반도 안 들어. 나머지 100만 원은 부부 노후자금으로 적립해 뒀다가 결정적 순간에 남편한테 호령하듯 말해. "자기 몇 년만 더 일하면 내가 파이어족, 셔터맨 만들어 줄게. 나만 믿엇!" 개멋짐!

애 어릴 때 수백만 원씩 퍼부어줘 봤자 고마워할 리 만무하고 효과 내기도 어려울뿐더러, 그로 인해 가난해진 노후의 부모를 기꺼이 보필해 줄 자식은 더더욱 없다. 내 미래는 내가 준비하는 거다. 건강하고 멋지고 여유롭게!

유지비를 줄이고,
계발비를 늘려라

책과 현실에서 만난 자수성가형 부자들의 자산관리 공통점은 '선 절약 → 저축 → 후 투자'였다. 그리고 이 투자 중 상당 부분을 몸값 올리는 '자기계발비'로 쓴다. 그대로 따라 했다. 최대한 절약하고 모으면서 나 자신에게 투자했다. 손 달달 떨며 고가의 세미나를 등록하고, 끊임없이 책을 사고, 비싼 음악회와 전시회를 다니고, 해외 학습 탐사를 위해 보름의 시간을 빼기도 했다. 그런 비합리적인 행동의 결과가 나를 얼마나 차원 높은 삶으로 이끌어 주었는지는 두말하면 입 아프다.

절약하고 저축하려면 우선 나에 대한 '유지비'를 확

줄여야 한다. 보통 수입이 늘어나면 지출이 그만큼 늘기 마련이다. 많이 벌어도 남는 게 없다는 뜻이다. 하지만 '김선미'라는 사람을 굴리는 유지비는 동급 대비 극히 적다. 수입이 올라가면서 늘어난 지출은 '물건 지출'이 아니라 '경험 지출'인 데다가, 시골 할매급 아날로그 생활 패턴이 몸에 배어 있어서 만약 수입이 지금의 10분의 1로 준다고 해도 현재 누리는 삶의 질은 떨어지지 않는다.

군대육아 기간에 철저히 훈련했기에 가능한 일이고, '애 책육아 + 내 책육아'의 내공이 더해진 덕분이다. '월수입의 10% 자기계발비 전액 지출!' 십수 년째 꾸준히 지켜오고 있는 원칙 중 하나다. 수입이 꾸준히 상향 곡선을 그렸기에 자기계발비 역시 폭발적으로 늘었다. 누가 보면 책 사려고 돈 벌고, 배우려고 일하는 꼴이다. 덕분에 일하는 게 바빠도 고되지 않다.

'부자는 아이디어를 나누고, 빈자는 소비를 나눈다.' 내가 지금 시간을 투자해 만나는 사람들이 뭘 나눌 수 있는 존재들인지 생각해 봐야 한다. 쓸데없는 소비 줄이면서 공부에 아낌없이 투자해 내 몸값 올려야 한다. 지금은 드러나는 게 별로 없어 봬지만, 마침내 제대로 된 판이 펼쳐졌을 때 다 부숴버릴 일격 필살의 무기가 될 거다. 내가 그랬던 것처럼….

언뜻 주는 것 같지만, 얻는 게 훨씬 많은 일

나라고 불안과 두려움이 없겠냐? 백스텝만 밟다 발라당 나자빠지는 무한 '쫄보'일 때도 많다. 안 그러면 그게 사람이냐? "난 몰라. 안 할래. 내일 할래. 못 해. 배째!" 하고 싶지만 '끙차' 하며 일어나 내 멱살 내가 틀어잡고, 한 발을 다른 한 발 앞에 계속 놓을 수 있는 것. 그건 내 삶의 목적이 '나의 안위에 앞서 세상을 조금이라도 이롭게 하는 것'이기 때문이다.

기부? 봉사? 그딴 건 돈 많은 부자나 잘나가는 연예인이나 하는 거려니 여겼다. 그들만의 리그에서 벌어지는 일인 줄로만 알았다. '내가 무슨 돈이 있어?' '나 먹고 살기도 바빠죽겠는데'라고 생각했던 내가 나의 내면으로 시선을 돌려 '내가 진짜 원하는 게 뭔지' '살아야 하는 근원적 이유가 뭔지' 탐구하는 과정을 끊임없이 거치다 보니 지금의 자리까지 왔다. 하은맘 S프로젝트로 전 세계에 24개의 학교를 지었고, 매년 5·12월에 진행하는 '행복한 산타' '행복한 부메랑' 프로젝트를 통해 전 세계에 1,500명이 넘는 아이들에게 또 다른 엄마를 선물했다. 그들이 학교에 다니며 공부하고 꿈꾸게 되었고, 전국의 수천 가정이 한파를 피하고 따뜻한 희망을 갖게 되었다.

아무런 '목적 없는 나눔'이 얼마나 큰 감동과 울림을 주는지 말로는 다 표현이 안 된다. 인간의 언어로는 형용할 수 없는 수준의 행위이기 때문에 '누구나 할 수 있지만' '아무나 하지 않으며' '하는 이는 계속하게 되는' 중독이자 기적이라고밖에는 설명할 수가 없다.

이 천둥 같은 변화, 기적 같은 행복을 같이 누려보자. 부정적 시선을 거두고, 말도 안 되는 당돌한 신념을 가슴에 새겨버리자고. 언뜻 주는 것처럼 보이지만 얻는 게 훨씬 많은 일, 내 인생의 두꺼운 벽을 한방에 깨부숴버리는 일, 나만 경험하기 아까운 가치 있는 일, 우리 함께 해보지 않겠니?

독서
내공

양이 차야
질이 달라져

"책 읽어." "왜요? 그니까 왜요?" 요즘 MZ 세대 '3요'가 그거라던데. "이걸요?" "제가요?" "왜요?" 그냥 읽어. 그래야 살아. 진정한 사람으로. 남들 생각에 편승하고 알고리즘에 끌려다니는 무채색 인간이 아닌, 진정 스스로 생각하는 사람으로 살게 된다고. 어떻게 그리 잘 아냐고? 내가 그리 살아봐서 안다. 왜? 뭐? 38년 그리 살아봐서 그 삶이 얼마나 불행하고 비루한지 너무 잘 알거든. 어디 가든 기 못 펴고 내 무식이, 내 상식 부족이 들킬까 조마조마 전전긍긍하던 세월, 생각만 해도 끔찍하다.

그렇게 살아온 긴 세월이 지긋지긋했고 '내 생각'을

갖고 싶었다. 말이 통하는 사람이 되고 싶었고, 문학과 문화를 얘기하는 자리에 함께 머물고 싶었다. 하지만 택도 없는 나 자신을 잘 알기에 죽기 살기로 읽었다. 물론 그 계기는 '육아'였다. 힘들게 낳은 아이, 책으로 키웠고 그 덕에 나까지 커버렸다. 그림책과 문고판과 세계문학, 비문학을 함께 읽고 읽히며 애뿐만 아니라 내가 말이 트이고 나만의 생각이 생기고 가치관과 세계관이란 게 생긴 건 정말 기적 같은 일이었다.

아이가 읽기독립이 되고 속독이 되고 내 지력을 뛰어넘어 가는 걸 목격하면서 이에 질세라 나도 독서에 박차를 가했다. 역사, 예술, 과학, 세계사, 신화, 수학, 문학, 철학… 분야를 막론하고 치고 들어오는 대화의 공격을 '맞공'으로 받아쳐 주고 싶었다. 닥치는 대로 읽어댔다. 처음엔 재미없네, 고리타분하네, 번역이 왜 이따위냐? 했다. 다독이 되고 양이 차고 보니 내가 읽은 게 없고, 무식해서 그랬던 거였다. 겸허하게 무릎 꿇고 읽었다. 책 사는 데 돈 아끼지 않았고, 가는 곳곳마다 책을 펼쳤다. 4년간 1,000권 독서를 돌파할 때쯤 이게 임계점인가 싶은 순간들이 일상에서 툭툭 느껴졌다. 눈이 빛나고 어휘가 풍성해지고 생각이 깊어지는 날 발견하는 건 지상 최고의 희열이었다. 양이 차야 질이 달라진다. 못 느끼고 죽었으면 큰일 날 뻔했다.

책장 앞은
생각의 숲

온갖 반대와 질타를 무릅쓰고 책장을 하나씩 더 들일 때마다 이 악물고 생각했다. 애 선택지가 달라지고, 커리어가 달라지고, 미래의 남편이 달라질 거다! 내 꼴 안 날 거야! 분노의 힘이었고, 복수의 행각이었다.

거실 1200 책장, 낮은 책장, 회전 책장, 북타워, 북선반⋯ 내 '책장의 변천사'는 곧 책육아의 역사다. 애 나이에 맞게, 수준에 맞게, 호기심 한껏 고취시키는 욕심 나는 책들 집에 쟁이다 보니 책장은 곧 '마르지 않는 샘물'이었다. 목마른 아이가 털썩 주저앉아 목 축이고 가는 곳. 궁금할 때마다, 심심할 때마다, 좌절할 때마다 갈증과 호기심을 채우고 위로를 받는 곳. 어떻게 하면 하은이가 여기서 더 시간을 보내게 할까? 조금이라도 더 오래 머무르게 할까? 그 고민과 궁리의 순간들이 지금의 나와 하은이를 만들었다고 해도 과언이 아니다.

읽고 또 사고 다 읽고 이리저리 옮기고…. 수십 번, 수백 번 이동하고 휘몰아치는 책장의 변화. 그런 미친 짓 덕에 고이지 않고, 썩지도 않을 수 있었다. 하은이도, 나도 멈추지 않고 읽어댈 수 있었다. 책육아 환경의 첫 번째 하드웨어인 책장! 명품백보다 책장! 사활을 걸어야 한다. 내 자식 미래가 달라지고, 가문이 달라지고, 내 중년과 노후의 레벨이 달라지는 매직키다.

애 어릴 때 영어 전집, 한글 전집으로 빼곡했던 책장이 이제 하은이와 나의 인생책으로 꽉 채워져 있다. 럭셔리 인테리어가 뭐 별거냐? 여기가 바로 유서 깊은 도서관이고, 감각 있는 갤러리지. 뭐 하러 여행을 가? 내 집이 루브르이고, 대영박물관인데. 시시각각 취향에 맞게, 생각의 흐름에 따라 정리된 책장 앞 공간. 그 앞에 서 있기만 해도 기분이 좋아지고, 읽었던 책들이 마치 작품처럼 눈 앞에 펼쳐진다. 공간에 따라 시선이 달라지고 사고체계가 달라진다. 집이 '생각의 숲'이 되려면, 책장부터 들여야 한다. 지금 당장!

현명한 선택을
이끄는 혜안

'선택'. 살면서 내가 가장 맥을 못 췄던 분야였다. 누가 시키는 일은 밤을 새서라도 해냈고, 학교나 조직에서 제법 인정도 받았다. 딱 일 시켜 먹기 좋은 인간이었다, 난. 무슨 일이든 어긋남 없이, 군말 없이, 따박따박 잘해 놓으니까. 선택의 순간에도 내 대답은 항상 같았다. "아무거나" "같은 걸로" "전 괜찮아요" 그게 잘 사는 건 줄만 알았다. 근데 그게 얼마나 어리석고 생각 없는 삶의 방식이었는지를 깨닫게 된 건 아이를 키우면서였다.

낳으면 그냥 클 줄 알았던 콩만 한 아가와의 하루하루, 24시간, 365일이 선택의 연속일 줄이야! 그것도 어미인 내가, 오로지 내가 내려야만 하는 결정의 순간들. 남들한테 물어보는 족족 다른 조언에, '이게 맞네' '저게 맞네' '그렇게 하면 큰일 나네' 하는 참견들이 선택을 방해했고, 모조리 대실패, 빅좌절의 연속이었다. 온종일 까꿍이를 품에 안고 발을 동동거려도, 밤마다 안 자고 꽥꽥거리는 늑대 아가를 등에 업고 벽을 긁어대도, 누가 날 대신해 결정해 주지 않았다, 결코.

'이걸 해줘야 돼? 말아야 돼?' '이걸 허용해줘? 말어?' '어디까지 받아주고, 어디서부터 안 된다 해야 하는 거지?' '대체 어디까지 밀고 나가야 하는 거야?' 으헝헝엉~!

지금의 내가 다시 그 시절로 돌아간다면 책만 들이팔 거다. 이것저것 다 해봐도 결국 애를 살리고 육아력을 키울 수 있었던 건 손 달달 떨며 펼쳤던 육아서 덕분이었거든. 극한 고민의 순간, 현명한 선택을 하도록 돕는 혜안은 결국 책으로부터 길러진다. 스마트폰? 유튜브? SNS? 정보의 과잉이 오히려 눈을 흐리고 두려움이 길을 막는다. 정제되지 않은 정보는 무조건 차단해야 한다. 정제된 지식으로 꽉꽉 채워진 책을 봐야 촉과 감이 생기고 '식별력'이라는 나만의 무기가 생긴다. 내 안에서 답을 찾아지는 날이 결국 도래한다. 인자하고 여유로우면서도 엄격함이 살아있는 현인이 된다.

나만의 물음표를
갖는 것

머리가 비는 순간 바로 들통나는 게 내 일이다. 계약은커녕 커리어는 나락으로 치닫는다. 일 초창기엔 책 읽을 요량으로 차도 놓고 다녔다. 버스에서, 전철에서 펴고 읽다 졸다, 다시 읽다가, 또다시 보기를 반복했다. 잠자리에 들 때도 항상 책은 함께였다. 밑줄 치며 읽는 탓에 피곤에 절은 날이면 베개에 볼펜 자국이 난을 쳤다.

삶은 여전히 치열했고 비루했지만, 말에 힘이 실리기 시작했고 어깨가 펴지고 눈에 심지가 생겼다. 말이 짧고도 강력해졌다. 압축 파일처럼. 어느 날부터인가 앞에 앉은 상대방이 무섭지 않아졌다. 어랍쇼, 이게 되네!

책이 만든 나다. 독서로 달라진 삶? 간증하라면 석 달 열흘 짧다. 그래, 책 많이 봐야 한다. 매일 밥먹듯이 봐야 달라진다. 생각이 달라지고, 행동이 빨라지고, 삶이 업그레이드된다. 근데 어떻게 읽어야 달라질까? 그냥 변화하는 게 아니라 극적인 성장! 물론 작가가 쓴 말을 머리에 새기고 가슴으로 곱씹고 온몸으로 흡수하는 것도 중요하지. 하지만 더 중요한 건 온전히 받아들이는 걸 넘어 '나만의 물음표'를 갖고 그 해답을 찾아내며 읽는 거다.

간절해서 보면, 죽을 듯이 읽으면, 한 줄 한 줄 놓칠 수가 없잖아. 단 한 자도 허투루 흘려보낼 수가 없고. 안 그래? '작가인 당신은 나와는 다른 특별한 존재, 나는 죽었다 깨나도 그렇겐 못 해' 선 긋고 책을 아무리 많이 봐봐, 뭐가 변하나. 그냥 눈이 글자를 따라갈 뿐, 아무 감흥도 없는데 '내적 변화'가 일어나겠어? 실천하지 않는데 '외적 변화'가 있겠어? 나 좀 살려달라고, 매달리는 심정으로 물어보자. 어떻게 해야 잘 살아지는 건데? 내 게으름, 나태함은 어떻게 떨쳐버릴 수 있는 거야? 내 인생의 돌파구는 어떻게 찾는 거냐구? 내가 오늘 이 책에서 해답을 찾고야 만다. 안 그럼 너 죽고 나 죽는 거다. 손에 볼펜 꽉 쥐고 박박 줄 그으며 씹어먹어 버리는 거다. 오늘이 인생의 마지막인 것처럼….

내가 종이책을 사서 보는 이유

바야흐로 이제는 뜯어말린다고 씨알도 안 먹힐 디지털의 세상이다. 정신 놓고 있다간 '미디어의 노예' '디지털의 노비' 되기 십상이야.

왜 이런 시대에 굳이 전자책 말고 종이책을 읽으라고 하냐고? 심플하다. 내 삶의 주도권을 뺏기기 싫으니까. 이것만큼은 절대 뺏길 수 없다고 손에 꽉 움켜쥐고 있는 것, 그게 바로 내가 읽고 해석하는 '텍스트에 대한 편집권'이다.

종이책을 읽을 때 나는 감독이 된다. 마음껏 포커싱하고, 줌업 했다가, 자르고, 붙이고, 더하고, 늘린다. 좋아하는 단어, 가슴 떨리는 문장, 존경하는 사람, 닮고 싶은 생각이 등장할 때마다 밑줄 치고, 동그라미·세모·네모 표시하고, 위·아래·옆 공백에 볼펜으로 적고, 한 마디로 난리 블루스를 치며 읽는다.

'작가님, 당신은 당신의 이야기를 마음껏 펼쳐줘요. 나는 그 이야기를 내 인생에 딱 맞게 편집하려니까' 바로 이런 이유다. 내가 굳이 '종이책'을 '사서' 보는 건 이 짓거리 마음껏 하고 싶어서다. 그야말로 자유로운 디렉팅이 비로소 가능해진다.

유튜브 영상, SNS 이미지를 쓱쓱 넘기면서 시간 보내는 건 누군가 만들어낸 속도, 흐름에 나를 그냥 맡기고 흘러가게 놔두는 거다. 처음에야 좋지, 재밌고. 그러나 어느 순간 나도 모르게 그 거대한 파도에 휩쓸리게 된다. 완벽한 종속과 세뇌의 과정이다.

왜 남의 손에 내 뇌를 점령당하게 놔둬? 내가 주도하고 내 속도대로 가져가야지, 안 그래? 내 인생이고, 내 세계인데. 디지털의 노예, 단순 소비자가 아닌 디지털의 가공자, 더 나아가서는 생산자, 창작자, 투자자로 살아가려면 더 읽고, 더 움직이고, 더 놀고, 더 생각해야 한다. 가상 공간이 아니라 현실 세계에서 물리적으로! 아날로그적으로!

그렇게 살다 세상의 속도에 뒤처져 엄마도, 아이도 낙오자가 될 거라는 주변 사람들의 협박급 조언은 곧이 듣지 말고 그냥 흘려버려. 무지에서 비롯된 허언일 뿐이다. 디지털과 거리 두고 생각의 힘을 키워가는 게 진정 앞서는 거라는 사실을 그들은 절대 모를 테니까. 아날로그로 쌓은 기본기가 단단하면 디지털을 운용하고 자유자재로 갖고 노는 건 금세 된다.

"정신 놓고 있다간
'미디어의 노예' '디지털의 노비'
되기 십상이야.
이런 시대에 종이책 읽는 이유?
내 삶의 주도권을 뺏기기 싫으니까."

오직 재밌어서
읽는 책

'책 못 읽는 고통.'

하, 내가 내 입으로 이런 말도 안 되는 말을 지껄이게 될 줄이야! 근데 진짜 이 정도로 힘들 줄은 상상도 못 했다. 마약중독자의 금단현상이 이리도 독할까.

눈이 나빴다. 평생 슈퍼 울트라급 볼륨감 자랑하는 돋보기안경 속 빼꼼눈 여인으로 못 생기게 살았다. '라식 해야지! 라섹 해야지!' 마음만 백오십만 번 먹다 말다 마흔네 살 여름 어느날 라섹 수술을 받았다. 수술 후 3일간 눈으로 애 낳는 고통에 시달렸다. 눈 뜨면 누가 내 눈에 고춧가루를 팍팍, 눈 감으면 후춧가루를 찹찹 뿌린 듯한 극심한 통증. 근데 눈 못 뜨는 장님처럼 산 이 기간에 가장 힘들었던 게 뭔지 알아? 술 못 먹는 것도 아니고, 못 씻는 것도 아니었다. 다름 아닌 책 못 읽는 고통, 이게 이리도 힘들고 고통스러울 줄이야!

책장 앞에서 똥 마려운 개처럼 서성대고, 화장실에서 어색하고 온전하게 똥만 싸고 나오고, 특히 잠들 때 으아아악~! 일주일 내내 잠드는 데 꼬박 2시간이 넘게 걸렸다. 책 읽다 잠들면 30분이면 '꽥' 기절하는 난데. 평범하기 그지없던 그 독서의 시간들이 얼마나 감사한 순간이었던가. 육아 중, 살림살이 속, 업무 중 짬짬이 펼치는 책 한 페이지, 한 페이지가 너무 그리워 눈물이 났다.

성장의 도구로서가 아니라, 내 삶을 바꾸고 행복해지려는 것 이전에, 내가 독서 자체를 '즐기고' 있었구나. 눈이 안 보이는 동안에 깨달은 놀라운 변화였다. 어느새 나란 인간이 책 좋아하는 사람으로 변해 있었구나. 그래, 재밌어서 읽는 거였어. 가장 편안한 순간에 찾는 가장 극적인 유희, 나에겐 그게 책이다. 한 페이지, 한 페이지가 줄어드는 게 아까워서 미치는 재미! 이 재미를 평생 모르고 죽는다면, 너무 억울하지 않겠어?

일단 펴자,
아무 데나

진짜 이렇게 안 읽을 거야, 너? 쟁여만 둘 거야! 읽어야지, 읽어야지, 다짐만 오백만 번 하고 쌓아두기만 할 거냐고. 그래, 요즘 같은 난독의 시대에 사 쟁여둔 책이 있는 것만으로도 훌륭해. 인정! 그나마 내가 '책은 사는 거'라고 줄창 외쳐댄 덕에 집에 읽을 책 있는 게 어디냐. 원래 또 책은 산 것 중에 읽는 거니까. 산 책 중에 뒤적거리다가 확 당기면 읽는 거니까. 너도, 나도 그 책 살 땐 가슴 벌렁거리는 이유가 있었잖아. 반드시 읽고 성장하리라 다짐했을 거잖아. 당장 손에 쥐고 읽지 못하면 미쳐버릴 것만 같은 절체절명의 이유가 있었다고. 그러니까 일단 펴! 아무 데나!

시작이 무섭지 일단 어디라도 읽다 보면 어라? 뭐라? 진짜? 이것도 궁금하고, 저것도 놀랍네. 여기도 볼까? 딱 이것까지만 보고 밥하자. 저기도 궁금하네. 저것만 보고 잘까? 하게 될 거다. 그래, 맞아. 꼭 시간 내서 보는 게 아니라 틈틈이, 짬짬이 보는 게 책이야. 꼭 첫 장부터 볼 필요도 전혀 없고! 또 각 잡고 책상 앞에 앉아서 '지금부터 읽는 시간!' 하는 게 아니라 식탁에서, 싱크대에서, 화장실에서, 차 안에서 일단 펼치는 거라고.

어떤 이유가 됐든 아직 안 읽고 있는 책이 있다면, 우선 심리적 장벽을 낮춰. 그 장벽을 허무는 행위가 일단 펼치는 거. 뒤적거리는 거. 목차라도 보는 거. 조금이라도 마음이 가고, 흥미가 가고, 호기심이 머무는 곳을 발견하는 거. 거기서부터 '일단 시작'해 보는 거다.

이렇게 하루하루 내 안의 작은 장벽들을 무수히 깨부수다 보면, 어느새 완전히 다른 내가 되어있을 거다. 독서가 삶에 스며들고, 매일의 루틴이 되고, 1년 사이클이 되어있을 거다. 안 읽던 내가 아니라 '매일 읽는 나'로 완전히 정체성이 바뀔 거라고. 책이 어렵고 답답하고 지루한 게 아니라 신나고 궁금하고 재밌는 놀이가 될 거다.

'독서 내공'이 곧
'인생 내공'이니까

'육아는 어떻게 삶의 무기가 되는가' '독서는 어떻게 인생을 역전시키는가' 캬~ 다음 책 제목으로 딱이지 않냐?

애 키우면서 읽고, 쓰고, 성장한 게 바로 나잖니. 학창시절 내내 책 진짜 안 읽고 큰 나라는 인간. 어릴 적 「월간 보물섬」 만화랑 아빠 몰래 훔쳐본 「선데이 서울」이 다였고, 고딩·대딩 때도 교과서랑 전공서적 간신히 읽던 나였는데, 하은이 낳고서 저주의 지옥육아 체험하며 울면서 기어가 집어든 육아서가 인생의 방향을 완전히 바꿨다.

날 지탱하고 일으켜준 고마운 저자분들. 최희수, 글렌 도만, 웨인 다이어, 칼 비테, 진경혜, 서형숙, 서진규, 시찌다 마꼬도… 이분들의 책을 읽지 않았다면 지금의 나와 하은이는 어찌 살고 있을지 상상만 해도 끔찍하다.

책 읽기 전과 후의 간극은 미치도록 컸다. 조금씩 읽기 시작했을 뿐인데 가슴팍에 양심이란 게 돋아나고 머릿속에 분별력이 생겨서 뭐가 옳고 그른지, 어떤 길이 바른길인지 단번에 알아차리게 됐다. 그렇게 책의 위력과 가공할 만한 영향력을 절절히 알게 되고, 몰입 독서로 하루하루를 채워나가면 얼마나 나 자신이 업그레이드될지 느낌이 딱 왔다. 바로 이거다!

책에서 답을 찾고, 책으로 하은이를 키웠다. 그 어떤 난관이나 시련이 와도 죽기 살기로 책으로 뚫어내 버렸더니 애도 나도 같이 잘 커버렸다. 일타이피! 앞으로도 이렇게 살면 되겠구나 확신이 생겼다. 그렇게 두렵고 쫄리던 인생이 별거 아니게 느껴졌다. 처음으로 느낀 선명함이었다. 평생 끼고 있던 뿌연 선글라스를 벗은 느낌이었다.

초강력 멘탈, 무한계 체력, 선명한 비전, 원하는 건 뭐든 장착된다. 겁나는 게 없다. 나에겐 책이 있으니까. '독서 내공'이 곧 '인생 내공'이니까.

가슴 속 돌덩이가
깨지는 기적

책을 읽기 전까진 절대 몰랐다. 내 삶 곳곳에 떨구어져 있는 복을. 누가 준대도 받을 줄도 몰랐고. 내 삶이 퍽퍽하다는 이유로, 나만 불행하다는 이유로, 눈이 가려져 있는 줄도 몰랐다. 책을 읽기 시작하면서 머릿속, 가슴 속의 돌덩이가 깨지면서 눈이 밝아졌다. 그제야 내 주변에 거무튀튀한 돌멩이 같은 행복이 막 보이기 시작했다. 얼른 주워서 옷자락으로 막 문질러 보니 그게 황금덩이였다. 이토록 눈이 부시게 반짝반짝 빛이 나는데, 내가 문질러 보지도 않았던 거다.

책을 읽으면서 내가 누리는 모든 것들이 얼마나 귀

한 것이었는지 보이기 시작했다. 열두 번의 시험관 시술 후 기적같이 나에게 찾아와준 하은이, 건강한 몸, 안전한 보금자리, 일자리, 친구들, 고객들, 삶의 여건들… 그 모든 것들이 하나씩 보이고 느껴지고 깨달아졌다. 그동안 어떻게 이걸 몰랐을까? 이토록 빛나는 것들을 모르고 살았을까?

책을 읽기 전에는 생각의 폭이 작고 시선이 협소하니 보고 싶은 것만 보고, 듣고 싶은 것만 들었던 거다. 독서가 거듭되고 지식이 쌓일수록 생각의 폭과 깊이가 상상할 수 없을 만큼 확장되고 시야가 넓어지니 와, 감사가 절로 교회로 나왔다.

나이가 들수록 더 자주 행복을 느끼는 게 세상 무엇보다 중요하다는 걸 느낀다. 진정한 행복은 강도가 아닌 횟수라는 것도. 그런데 읽는 만큼 보이는 것도, 느끼는 것도, 감사한 것도 많아지게 된다는 걸 몸소 체험하고 나니 한시도 책을 손에서 놓을 수가 없었다. 사랑받지 못하고 컸던 어린 시절, 지금의 나보다 훨씬 젊었던 엄마·아빠의 가난과 아픔도 이해하게 됐다. 책을 읽으며 마음껏 푸념하고 투정 부렸으니까. 충분히 응석 부리고 그들을 용서하고 용서를 빌었으니까.

이젠 됐다. 나는 이미 충분하다.

1년 100권 독서, 할 거면 제대로 하자

이러자니 저게 아쉽고, 저러자니 이게 걸리고, 요러자니 그게 힘들겠고…. 이런 사람은 명확한 답을 눈앞에 갖다줘도 그대로 안 한다. 절대로 안 해. 이렇게 하라고 하면 돈 핑계, 시간 핑계 댈 거고, 저렇게 하라 그러면 사회 탓, 학교 탓, 나라 탓할 거고, 요렇게 하라 하면 이런 사정, 저런 사정 얘기하면서 또 다른 핑계 댈 거거든.

한 개라도 손해 보고 싶진 않고, 후회하기는 죽어도 싫고, 그렇다고 올인해 보지도 않으면서 적당히 다 가질 수 있는 선택을 해달라? '선택'은 '책임'과 세트라고 내가 몇 번을 말하든! '책임'은 결국 '손해'랑 같은 맥락인 거 모르겠어? 손해 보기 싫으면 '빡시게' 해내든가. 그래 보지도 않고, 아니 그럴 생각도 없이 적당히 흉내 내면서 가긴 가볼 테니 먼저 간 당신이 대신 선택을 해달라? 아니 내가? 왜?

행동하는 사람은 절대 주저하지 않아. 그럴 짬도 없고, 안 하고 고민만 하는 사람들이 말들이 많지. 자, 이제는 확실히 선택하고, 바로 행동한다. 어떻게? '1년 100권 독서!' 매주 2권씩 읽는다! 할 거면 제대로 하자, 우리. 책육아로 크고 있는 내 자식도 수만 권을 읽어대는데, 엄마가 멈춰 있으면 말이 안 되지, 안 그래?

단, 몇 권을 읽었는지 단순한 수치에만 매몰되지는 말자. '성장 독서' '실천 독서'의 권수가 기준인 거다. 아무리 많이 읽어도 실천하지 않으면 성장할 수 없고, 내가 가진 지식과 연결해서 나만의 인사이트를 만들지 않으면 별다른 변화 없다.

그리고 다른 어떤 매체보다도 월등히 높고 단단한 '책 읽기'라는 진입 장벽! 독서 초반엔 이빨도 안 들어갈 거다. 하지만 시간이 지나면서 알게 될 게다. 머리에 들어오든 안 들어오든 무식하게 읽다 보면 장벽은 자연스레 낮아진다는 걸. 단단한 장벽이 아니라 파삭 부서지는 쿠크다스 벽이었다는 걸. 지금부터 시작이다. 잔말 말고 책 펴!

기록
내공

돈 되는 글쓰기,
그 시작점

글쓰기를 빼고는 나라는 사람을 절대 논할 수 없다. 세상 가장 낮은 데서 힘들었을 때, 소외되고 가진 것 없었을 때, 편모 가장으로 애 키우고 가르치려 돈 벌어야 했을 때, 나를 지탱해 주고 삶의 돌파구를 찾아준 게 '읽기'와 '쓰기'였거든. 글쓰기의 고차원적인 동기? 전혀 없었다. 창작 욕구 따윈 사치였고. 그저 돈 벌어야 하니까, 뭐라도 해야만 했기에 하게 된 게 글쓰기였다.

근데, 이게 먹힐까? 읽히는 글이 될까? 과연 사람들이 좋아할까? 확신은 전혀 없었다. 그래도 무식하게 그냥 써댔다. 다이어리에 적고, 책 페이지에 떠오르는 생각들 끄적이고, 포스트잇에 메모하고, 노트에 필사했다. 밤마다 하은이한테 써댄 사과편지 양도 엄청났다. 그렇게 아날로그 글쓰기의 지난한 시간들이 차곡차곡 쌓여갔다. 아무도 보지 않는 나만의 일기장과 노트를 채워나갔던 순간들, 나에게는 진정한 셀프 위로의 시간이었고 살아갈 힘과 변화의 동기를 부여하는 시간이었다.

그렇게 쓰는 훈련이 일상이 되던 시기에 '블로그'라는 플랫폼을 만나게 되었고, 이건 뭐 물 만난 고기가 따로 없었다. '오 되네! 이게 되네!' 애 키우는 엄마들이 모여들기 시작했고, 백 명이 천 명으로, 천 명이 만 명으로 구독자가 늘었다. 강연 요청, 출간 제안이 쏟아졌다. '지랄발랄 하은맘' '김선미'라는 이름이 알려졌고, 강력한 팬덤이 생겼고, 강연회는 연일 매진, 쓰는 책마다 베스트셀러! 믿을 수 없는 일들이 연일 이어졌다. 나란 사람이 작가를 넘어 브랜드가 되고, 기업이 되고, 내 활동으로 인해 이윤이 창출되다니!

'글'로 성공한 대표 케이스가 바로 나다. 나만 보고 만족하는 글이 아닌 팔리는 글, 돈 되는 글을 쓰려면 나만의 한 끗이 있어야 한다. 궁금해? 풀어줘? 잘 들어. 어디서도 안 꺼낸 얘기 좀 해주려니까.

눈물, 콧물, 웃음 터지는
공감의 글

불행의 글, 실수의 글, 망신의 글, 실패의 글. 내 글은 죄다 이런 식이다. 보들보들하고 아름다운 경험담? 거의 없다. 꺼내놓기 민망하고, 언급하기 부끄럽고, 될 수 있으면 감추고 싶은 리얼하고 적나라한 얘기가 전부다. '우리 집에 CCTV 달았나?' 식겁해서 순간 뒤돌아보게 만드는 알싸한 이야기. 낄낄거리며 웃다가 나도 모르게 눈물 흘리게 되는 극공감의 매콤한 이야기들…. 포장하고 치장해서 번지르르 그럴듯해 보이는 글은 절대 쓰지 않는다. 가짜 글엔 가차 없이 등을 돌려버리는 게 대중인 거 아니까. 너무 솔직해서 공감 터지고 눈물, 콧물, 웃음

쏟아지는 글만 쓴다, 난.

존경해 마지않는 이어령 선생님께선 '가장 럭셔리한 삶'은 소유에 있는 것이 아니라 '이야기가 있는 삶' '스토리텔링을 얼마나 많이 갖고 있느냐'에 달려있다고 하셨다. 크~ 이토록 멋진 정의라니!

누구든 자기 안에 꺼내고 싶은 이야기가 있다. 그걸 글로 끄집어내기만 하면 된다. 난 24시간 펼쳐지는 지옥 육아의 현장에서 단조롭지만 스펙터클한 에피소드를 길어 올려 이야기로 풀어냈다. 각 잡고 체면 차리지 않았다. 있는 그대로 솔직 담백 리얼하게! 갑갑하고 불안하고 막연한 '육아'라는 긴 터널, 도무지 한 치 앞이 보이지 않는 길을 걷고 있는 엄마들이 함께 눈물 흘리며 위로받고 공감할 수 있게! '어머, 내가 이상한 게 아니네. 정상이네. 언니도 그랬네. 아니, 나보다 더 후졌었잖아.' 실컷 웃고 낄낄거리며 안심할 수 있게!

솔직해야 글이다. 나다워야 좋은 글이다. 내 안에 쌓여있는 이야깃거리를 끄집어내 끝내 표현해 내는 일. 내가 가장 관심 있고 좋아하고 잘하는 분야를 깊이 관찰하고 연구해 마침내 풀어 쓰는 일. 이 과정이 바로 글쓰기며 성장의 길이다. 누구라도 할 수 있다. 어떻게든 나온다. 쓰다 보면 써진다. 시작하기만 한다면!

'글감'을 찾아 헤매는
하이에나처럼

"쓰고 싶은데 도무지 뭘 써야 하는지 모르겠어요."

"언니는 어쩜 그렇게 아이디어가 많아요?"

"글감을 어디서, 어떻게 찾아야 하는 건가요?"

나라고 뭐 매일의 일상이 드라마틱한 에피소드들로 가득 찰 것 같냐? 어림도 없다. 너나 나나 뭐가 다르겠어. 그놈이 그놈이지. 하지만 '나는 쓰는 사람이다'라는 개념을 세포 속에 박아 두고, 별거 없는 일상도 달리 보려 노력한다. 그러다 '이거다!' 싶으면 앞뒤 안 가리고 콱 물어서 '글감 창고'에 저장해 둔다. 유사시에 꺼내 쓸 수 있도록.

평소 책을 읽거나 영화를 보거나 대화를 하다가도 영감이 떠오르고, 키워드가 팍 꽂히면 메모지에 바로 기록해 둔다. 내 다이어리 맨 앞에 '글감 창고' 공간이 있거든. 바로 펼쳐 쓸 수 있도록 포스트잇 덕지덕지 붙여놓은 페이지다. 창고가 차기 전에 바로 글을 쓸 때도 있지만, 보통은 메모지가 빼곡해지면 쓱 살펴본다. 그럼 반복되거나 연결되는 키워드가 보이거든. 바로 매직 키워드, 나만의 매직 센텐스다. 이 단어, 이 문장을 시작으로 지금 당장 글쓰기에 돌입하라는 강력한 신호!

오히려 내 삶 속 멋진 성과나 훌륭한 성취는 글로 잘 옮기지 않는다. 자기 자랑하는 거 좋아할 사람 별로 없으니까. 내 삶이 비루하고 나 자신이 후질수록 글감 창고는 차고 넘쳐난다.

읽고 끄적거리는 일상의 축적 없이 술술 써지는 글발은 타고난 천재 작가가 아닌 나에겐 절대 주어지지 않는다. 말끔한 글을 쓰는 건 더더욱 불가능하다. 평소에 촉 세워서 기발한 글감이나 콘텐츠를 그때그때 창고에 넣어 둬야 가능하다. 그러다 보면 나의 그렇고 그런 일상 또한 다이내믹한 콘텐츠 제공의 삶으로 변화된다. 내 삶을 귀하게 들여다보고 촘촘하게 채워나가야 하는 이유와 명분을 만들어주는 고마운 글쓰기. 안 쓸 이유가 없다.

오늘, 내 아이를
기록하는 일

하은이에 대한 기록은 그야말로 서툰 엄마의 발버둥이었다. 힘들게 낳았는데 막상 낳고 보니 내가 줄 수 있는 게 아무것도 없는 거다. 이 천둥벌거숭이 아가는 엄마만 보고 울고 있는데, 녀석에게 난 우주이자 전부일 텐데, 엄마인 내가 이리 찌질하고 못났는데 어떡해. 매일 밤 두려움에 눈물이 났다. 무서워서. 미치도록 미안해서….

아이를 도대체 어떻게 사랑해야 할지를 모르겠는 왕초보 엄마가 똑같은 실수를 반복하지 않으려고 아이의 변화와 성장을 기록하기 시작한 게 글이 되고, 급기야 책으로 출간됐다. 지나가는 개도 웃을 일이다. 이게 사실이라니… 헐!

　육아 일기의 대부분을 차지하고 있던 하은이의 '첫 순간들'. 고개를 쳐들고, 뒤집고, "움마"라고 나만 알아듣게 웅얼거리던 그 순간! 일어나 걷고, "으앙" 울고, 토하고, 이빨 빠지고, 다시 나고… 녀석의 이 모든 첫 순간을 다 내 눈으로 다 보고 기록했다는 게 인생의 가장 큰 자부심이라면 믿겠어? 어린이집 선생님이나 친정엄마, 시어머니, 베이비시터가 본 게 아니라 오직 내 맨눈으로 목격했고 그날 그 순간의 생생한 감격이 고스란히 남겨져 있다는 것. 심지어 똥을 몇 번 쌌고, 오늘 귀를 팠는데 귀지가 얼마나 나왔고, 이런 시시콜콜한 것까지 싹 다 쓰고 찍고 기록했던 나의 무식했으나 절절했던 사랑이 지금의 책 쓰는 나를 만들었다고 믿는다.

　어제가 오늘 같고, 오늘이 내일 같고, 내일이 곧 모레가 될 육아의 일상을 '굳이' 왜 적어야 하냐고? 안 그래도 바빠죽겠고 정신없어서 살 수가 없는데? 기록하고 복기하지 않으면, 어제보다 큰 아이에 대한 '감탄'보다 오늘의 '요청'만 하게 되거든. 이 놀라운 성장의 시간을 겪어낸 경이로운 아이에게 감사하지 못하고, 자꾸 요구하고 욕심내게 된다고.

　진정한 모성이 내 안에 단단히 뿌리내리려면, 꼭 기

록해야 해. 기록 '이리도' 해야 돼. 그래야 나아져. 기록하고 반추하고 곱씹고 되새기고 반성할 수 있어야 조금이라도 더 나은 엄마가 되는 거다.

　　기록은 나에게 아이를 현명하게 사랑하기 위한 가장 유용하고 확실한 도구였다. 매일 별다를 것 없는 육아라도, 오늘의 기록이 내일의 길을 찾아줄 것이라는 믿음으로, 아주 사소하고 시시콜콜한 것부터 한번 써봐. 힘들거나 난해하거나 답답할 때, 변화의 기점이 되어줄 테니까.

"어제가 오늘 같고,
오늘이 곧 내일이 될
육아의 일상을
'굳이' 왜 적어야 하냐고?
기록하고 복기하지 않으면,
어제보다 큰 아이에 대한 '감탄'보다
오늘의 '요청'만 하게 되거든."

세상을 이길 키워드,
자기화

하은이가 쓴 책 『합격 공식』에 이런 말이 나온다. 필기할 때는 자기 언어로 바꾸어 적는 게 중요하다고. 속기사처럼 빼곡하게 그대로 받아적지만 말라고. 그럼 나만의 것으로 만들 수 없다고. 아이의 '필기력'도, 엄마의 '필력'도 바로 이게 핵심이라고 본다, 난. 내가 이해한 내 언어로 적어야 기억에 오래, 깊이 남고 다시 읽어도 그 기억이 고스란히 되살아난다. 무엇보다 내 언어로 적은 글은 내 개성이 되고, 나만의 캐릭터가 된다.

대체 불가한, 세상 유일무이한 내가 스스로 생각하고 이해해서 가장 적당한 단어를 골라 쓴 글. 이 세상 유일한 글. 이게 진짜 공부고 실력이고 경쟁력이지, 뭐겠어? 선생님, 교수님, 강사가 하는 말을 그대로 받아 적는 글은 엄밀히 말해 내 것이 아니다. 그들의 것이지.

깊게 배우며 빠르게 성장하고 싶지? 그렇다면 위대한 스승과 여러 책들에서 길어 올린 분별력과 깨달음들을 나의 언어로 요약하고 기록하는 일에 집중해야 한다. 그러다 보면 자연스레 '자기화'에 능한 사람이 돼. 서툴고 어설플지언정 거인의 어깨 위에서 내 느낌대로 신나게 놀다 보면 어느 순간 고유한 존재가 되어있는 날 발견하게 된다. '내재화' '자기화'는 세상의 중심에 홀로 우뚝서려는 너에게, 그리고 나에게 반드시 필요한 무기이자 키워드다.

"그럼 자기화는 어떻게 해요?" 궁금해? 너무 쉬워서 헛웃음이 날 텐데…. '좋은 콘텐츠에 내 생각 한 스푼 더하기' 끝! 그렇게 시작하면 돼. 처음부터 오롯이 내 것을 꺼내놓으려는 야욕, 잠시 넣어두시고요. 그냥 슬쩍 얹어, 귀엽게. 어디서 본 듯한 글도 상관없어. 창작의 진정한 스승은 모방이니까. 작가의 경험과 전쟁 같은 삶을 내면화하는 연습 끝에 어느 날, 경험이 널 관통해 손끝을 타고 흘러나오는 진짜 너만의 글을 마주하는 그날, 언니가 소주 한잔 사마.

'힘든 감정'은
글이 좀 떠안아도 돼

불안함, 외로움, 질투, 짜증, 후회, 미안함, 죄책감, 수치심, 모멸감, 무력감, 패배감, 두려움, 슬픔… 감당하기 힘든 감정들을 꾹꾹 눌러두고 억압하기만 하면, 더 크게 곪고 멍들어 결국 다양한 모습으로 터지게 된다. 하지만 그 감정의 실체를 직면하고 글로 뱉어내면, 그 감정은 내 것이 아니게 된다. 글이 떠안는 거다.

육아에서 가장 힘든 건 정보의 부재도, 지식의 부족도, 육아법의 부재도 아니다. 바로 엄마의 '감정 조절'이다. 아무리 육아서를 수십 권을 읽고 처절한 자책으로 가슴팍 쥐어뜯으면 뭐 해. 하나님도, 부처님도, 맹자도 아닌 일반인 엄마는 오만 가지 말썽을 부리며 참을성 게이지 측정 실험하는 아이 앞에서 번번이 무너지고 마는걸. 더 무서운 건, 엄마의 감정 조절 능력은 고스란히 아이에게 대물림된다는 거다.

　육아하며 직면하는 부정적인 감정을 글로 써보는 과정은 이래서 꼭 필요하다. 가슴속에 요동치는 이 실체 없는 감정이 대체 뭔지, '짜증 나' '힘들어'가 아니라 이 감정에 어떤 이름표를 붙여줘야 할지, 글 쓰는 동안 깊이 생각하고, 가만히 들여다보게 해줘야 한다. 나 역시 시간이 흐르고 알았다. 애 키우며 수시로 올라오는 나쁜 감정들을 글이 잠재워 주고 치유해 줬다는 걸. 내 감정을 정화해 주고, 안아주고, 어루만지고, 토닥여 줬다는 걸. 글이 치료제이자 소독약이자 연고였다는 걸.

　글쓰기는 자기 고백의 시간이자 치유의 과정이다. 육아 스트레스가 뱀 허물 벗듯 한순간에 빠져나올 수 있는 게 아니잖니. 자기 불행을 누적하지 않기 위해서라도 내 감정을 대면하고, 쏟아내고, 쓰다듬고, 치유하는 과정은 반드시 필요해. 글쓰기라는 내가 지은 '영혼의 긴급대피소'. 그곳에서 너도 몸을 누이고 힘을 모아 다시 일어나 보렴. 끄응~차!

'읽기'와 '쓰기'의
선순환

난 실용 독서 주의자다. 써먹지 않을 거면 뭐 하러 읽냐? 독서 초반엔 무조건 '살려고' 읽었다. 재미에 앞서 애 좀 잘 키워보려고, 제발 좀 똑똑해지려고, 어디 가도 꿀리지 않으려고 무식하게 읽어댔다. 그러다가 자연스레 자기화를 시작하면서 '잘살아 보려고' 글을 쓰기 시작한 거다. 근데 혼자 보는 일기에서 벗어나 읽히는 글을 쓰려면? 무조건 잘 써야 한다. 잘 쓰려면 머릿속에 든 게 있어야 하니 미친 듯이 읽을 수밖에 없고. 이 씨줄과 날줄처럼 촘촘하게 연결돼 있는 메커니즘이자 굴레. 그건 '인풋 없는 아웃풋은 절대 없다'는 걸 알아가는 잔인한 과정이었고, 쓰고 나면 다시 채워야 한다는 무한 성장의 궤도에 올라탄 것과 같은 쾌감이기도 했다.

시작은 누구나 후지다. 나 역시 그랬다. 하지만 일단 펜을 움직이고, 키보드를 두드려야 생각이 솟아난다. 지식이 부족하거나 표현력에 한계를 느끼면 손 달달 떨며 책을 펼치게 되어있다. 그리고 책뿐만 아니라 독자의 피드백을 읽고 반영하는 것도 진짜 도움 많이 됐다. 그중 블로그 댓글은 와~ 진짜 최고의 '스파링 파트너(Sparring Partner)'였다. 팬들이 즉각적으로 감동을 표현하고 간증을 토해내는데, 이건 뭐 수백만 원짜리 글쓰기 클래스 저리 가라였다. 주거니 받거니 댓글 놀이하는 사이에 긍정적 반응은 강화되고, 실수는 고쳐지고, 아이디어가 더해졌다. 댓글을 쓰는 이도, 보는 이도 서로 차오르고 풍성해지고 단단해졌다.

잊지 말아야 할 건, 이 '읽기'와 '쓰기' 선순환의 수레바퀴가 움직이기 시작하면 절대 멈추지 말아야 한다는 거다. 한 번 멈춘 수레바퀴는 다시 출발하기까지 몇 배의 힘이 들거든. 시작이 미약하더라도 일단 출발해서 맞물린 수레바퀴를 잘 굴려 나가다 보면 가속도가 붙어 폭발적인 힘으로 우주 탈출해 있는 스스로를 발견하게 될 거다.

'퇴고'는
퇴보가 아닌 전진

재미없으면 꽝, 고리타분하면 꽝, 어려워도 꽝! 내가 글을 쓰면서 계속 고치는 이유는 심심하고 난해한 글을 피하기 위해서다. 천지사방 재밌는 것 넘쳐나는 세상에 내 글 읽어주러 와준 것만도 고마운데, 제목부터 어렵고, 첫 줄부터 지루하면 끝까지 읽어주겠냐? 택도 없지!

단숨에 확 빠져들어 읽히려면 바로 본론으로 들어가야 한다. "날씨는 어때? 별일은 없고?" 첫 줄 읽고 바로 나간다. 횡설수설 군더더기 싹 다 빼고 덜어내 '핵심' 먼저 딱 보여준다. 첫 줄부터 바로 치고 나간다. "어제 하은이를 때렸다." 그 누가 안 읽을 수 있겠는가?

쓸데없는 표현의 부스러기들 털어내고, 운율, 라임 맞춰주면 읽는 재미가 더해진다. "인생이 원래 그렇잖냐. 정신 차릴 만하면 뭐가 터지고, 숨 좀 고를 만하면 또 일이 생기고." 얼쑤! 문장 자체에 반복을 줘도 리듬감이 생기고, 비슷한 발음의 단어끼리 라임을 맞춰도 좋다. "그 길을 아는 것과 가는 것은 완전히 다르다." 예압!

제목은 미리 정해두고 시작할 때도 있지만, 쓰다가 좋은 표현이 나오면 거기서 뽑아내기도 한다. 제목이 곧 클릭률이고, 섬네일이므로 제목만으로 구미를 '화악' 당길 수 있게 여러 번 고민하고 바꿔본다. 함축적이면서 흥미롭고, 시의적절하면서 호기심이 일도록. 본문 쓰다가 제목을 바꾸게 되면 맨 처음 썼던 제목은 다시 비공개로 저장해 두거나 글감 창고에 표시해 둔다. 다음 글 쓸 때 좋은 꼭지가 되니까.

다듬고 다듬은 글엔 장사 없다. 고칠수록 윤이 나고 빛이 난다. 시간이 좀 걸리고 더디게 완성되는 것처럼 느껴져도 '퇴고'는 퇴보가 아니라 전진이다. 생각이 깊어지고 표현의 스펙트럼이 넓어진다. 종이 위, 스크린 위를 누비는 활자의 난봉꾼이 될지언정 끊임없이 고치고 다듬어 봐라. 결국엔 누구도 따라할 수 없는 독특한 존재가 되어 있을 테니까.

필사의 핵심은
변화의 의지

우리 집에는 다양한 크기, 형태, 종류의 노트, 다이어리, 메모지가 곳곳에 널려있다. 닥치는 대로 써야 하거든. 꽂히는 문구, 문장, 키워드, 대사를 손에 잡히는 종이에 막 휘갈겨 쓴다. 다시 노트에 옮겨 적거나 예쁜 글씨로 정리할 때도 있지만, 대부분은 그대로 잘 보이는 곳에 붙여둔다. 수시로 보고 가슴에 새겨야 하니까.

물론 디지털 플랫폼이나 애플리케이션을 일부러 배척하진 않는다. 노트, 다이어리, 메모지 같은 종이에 쓸 상황이 안 될 때는 스마트폰이나 태블릿PC의 메모장, 에버노트, 굿노트 등도 효율적으로 사용한다. 사용 비율은

'아날로그 9 : 디지털 1' 정도. 그 이유는 아날로그 필사의 장점이 말도 안 되게 많기 때문이다.

필사의 핵심은 '변화의 의지'라고 생각하거든. 아무 생각 없이 그대로 받아 적기만 하는 건 진정한 필사가 아니잖냐. 보는 순간, 읽는 순간 가슴이 뛰고, 반드시 변하겠다는 다짐, 실천하겠다는 의지로 불타올라서 한 자, 한 자 진심을 담아 써 내려가는 게 '진짜 필사' 아니겠냐고. 디지털 플랫폼은 쓰는 순간의 의지와 감동까지 다 담을 수 없지만, 휘갈겨 쓴 종이에는 그때의 격한 감정과 감동, 의지와 다짐이 모두 담겨있다. 필체만 다시 봐도 당시의 상황과 글의 맥락, 진심 어린 다짐이 떠오르고 재생된다. 그래서 실행하고 적용하기가 훨씬 용이하다는 거다.

필사의 핵심 목적은 '즉각 실행'이니까. 행동으로 실천하지 않고 보기 좋게 쓰기만 할 바엔 그 시간에 발 닦고 잠이나 자는 게 낫지. 필사의 정의를 새로 쓰자. 이를 갈며 진심을 꾹꾹 눌러 담아 쓰고! 보이는 곳곳에 붙여놓고! 자주 곱씹고 되새기며! 행동하는 것까지! 그리하여 변화된 내가 또 다른 이의 삶에 선한 영향력을 끼치는 순간의 희열까지! 크, 반드시 해보고 느껴보고 죽자.

써야 남아,
써야 모이고

꿈에도 몰랐다. 부족해서 발버둥 치며 최선을 다할 수밖에 없었던 나의 육아가 글이 되고, 콘텐츠가 될 줄은. 급기야 『불량육아』가 되고, 『군대육아』가 되고, 『십 팔년 책육아』가 될 줄은 정말 상상조차 못 했었다. 내가 작가, 무려 베스트셀러 작가가 될 수 있었던 이유는 하나다. '썼기' 때문이다. 썼으니까 됐고 기록해서 가능했던 거다.

지금도 난 닥치는 대로 기록한다. 상황 되는 대로. 펜 잡히는 대로. 종이 수첩, 다이어리 가지고 다니면서 미팅, 회의, 각종 업무 스케줄 기록하고, 책 읽다 발견한 주옥같은 문장도 필사한다. 지방 출장 가는 길, 스마트폰이나 태블릿PC로 블로그에 강연 일정 공지하고, 요즘 내 일상·하은이 일상 기록하고, 불쑥불쑥 떠올라 곳곳에 끄적거려놨던 개똥육아 철학도 다듬어서 올린다.

써야 남아. 써야 모이고. 매일의 내 역사가 남고, 내 글을 좋아하는 독자들도 모여든다. 기록하지 않은 상상이나 고민, 생각들은 시간이 지나면 흔적도 없이 휘발돼버린다. 쓰고 남겨야 지금 좀 부족하고 비실거리더라도 오늘의 내가 어떤 모습으로 살고 있는지, 그리고 1년 후, 5년 후, 10년 후의 내가 어떻게 얼마나 성장하게 되는지 비교가 된다.

난 오늘도 조금 일찍 일어나 내가 좋아하는 오렌지색 조명을 켜고, 좋아하는 잔에 따뜻한 커피도 진하게 내린다. 오늘도 기어이 써야만 하는 '나의 이야기'를 다듬는다.

단 한 순간도 휘발되지 않고 그대로 박제되어 차곡차곡 내 역사가 되고 내 콘텐츠가 되는 글쓰기. 아무도 보지 않더라도 과거의 나를 칭찬하고 오늘의 나를 불끈 일으키는 나만의 글쓰기. '쓰는 순간' 자체가 내가 성장하는 시작점이 되는 글쓰기. 아, 너무 멋지다. 이걸 왜 안 해?

관계
내공

아이 연령대별 거리두기 법칙

맨날 나가 놀자고 매달리는 까꿍이·유초딩 엄마들 힘들지? 쳇! 허구한 날 드러누워 잠만 처자다가 친구랑 약속 생기면 2시간씩 씻고 찍어 바르고 나가는 중·고딩 땐 내 눈을 뽑고 싶다. 하, 입시 때 잠깐 눌렀다가 그 반동으로 우주 최고치를 달리는 '놀기병' 걸린 뽀로로 대학생 이랑 사는 내 맘을 니들이 아냐? 물론 군대육아 기간 빡시게 구르고 나면 발육아 시즌 도래하지만, 이런 무한계 인간인자 신인류를 키워내는 과정 또한 빡치는 일이 다반사! 하여 지난 20년 육아를 온몸으로 겪으며 정리한 언니표 '연령대별 거리두기 4단계' 풀어주마. 숙지하거

라. 널 지옥에서 구원해 줄 테니!

1단계 아이 태어나서 4살까지, 까꿍이 시절엔 아이를 '알'이라고 생각해. 알이 사고 쳐봤자 데굴데굴 구르기나 하지, 뭐 싸우길 하냐? 반항하길 하냐? 요 시기엔 무조건 딱 끼고 부비대고 아이랑 한 몸처럼 지내. 그야말로 어미가 품어만 주면 끝나는 '황금알' 시기다.

2단계 유치·초등은 '강아지' 시기다. 뽀르르 폴짝폴짝 온종일 부산스럽게 사고 치며 뛰고 수시로 나가 놀자고 바짓가랑이 잡아당긴다. 무조건 자연 속에서 실컷 뛰놀게 하면 된다. 더 지나면 같이 나가자고 해도 안 나간다.

3단계 아이가 중·고등학생이 되면 '고양이'로 변신한다. 혼자 있는 거 좋아하고, 말 드럽게 안 듣고, 성질머리도 생기고, 외모에 관심 생겨 지 몸 치장하기 바쁘다. 어쩔 땐 온종일 친구랑 놀다 밥때 되면 들어오는 길고양이 같기도 하다. 잔소리 적당히 끊고, 관심 끄고, 거리를 둬야 평화롭다.

4단계 대학생이 된 내 자식은 '새'다. 훨훨 날려 보내야 한다, 멋지게! 허전한 마음 꾹꾹 누르며 엄마는 나무가 되어줘야 한다. 새가 자유로이 세상을 날다 지치고 힘들 때 잠시 가지에 앉아 쉬어갈 수 있도록, 그냥 그 자리에 있어만 주면 된다.

사랑과 존중의 힘이
결국 '관계의 힘'

애 그렇게 어디 안 보내고 엄마가 끼고 키우면 사회성 떨어진다는 말, 무지하게 들었다. 갓난쟁이 때부터 거의 안고 업고 지내는 거 보고 엄마 손 타서 혼자 누워있지도 못하고 남한테 가려고도 안 한다며 양가 어르신들의 잔소리는 끊일 줄을 몰랐다. 그놈의 '사회성' 타령, 귀에 딱지가 앉을 정도로 들었다. 외톨이가 될 거라던 하은인 지금 불러대는 친구들이 하도 많아서 밝을 때 집에 들어오는 날이 거의 없다. 모임이며 스터디며 여기저기서 녀석을 찾는다. 니가 있어야 재밌다며, 니가 함께해야 모임이 굴러간다면서, 사회성 천재로 컸다. 심지어 고등학교는 단 하루도 다닌 적 없고, 중학교 1학년까지가 학창시절의 다인 녀석이 말이다.

'관계의 힘'은 결국 어린 시절 엄마로부터 받은 사랑에서 나온다. 이리저리 밖으로 돌리고 또래 친구 억지로 만들어 주는 일 따위 다 소용없다. 부모로부터 받은 사랑과 존중의 힘으로 남을 사랑하고 배려한다. 하은이는 어딜 가든 재밌고 잘 노는 애로 환영받는다. 관계의 모든 게 어색하지 않고 자연스러운 이유는 '찐'이라서다. 온몸으로 오롯이 받은 진짜 사랑의 힘이다.

내적불행 가득한 소문자 'i형' 엄마가 울며불며 읽은 육아서에서 배운 사랑이었지만, 완벽하게 통했다. 수만 권의 동화책 속에서 본 간접 체험이었지만, 그럼으로써 타인을 배려하고 공감하며 신나게 놀 줄 아는 아이가 되었다. 따뜻한 눈빛과 정성이 담긴 말투와 제스처, 태도가 참 좋다는 칭찬을 많이 듣는다. 귀 기울여 듣고 적절하게 대응하는 센스에서도 사랑 많이 받고 자란 '테'가 난단다. 어미로서 어깨 뽕이 하늘 높은 줄을 모르고 치솟는다. 내 처지로 인해 힘든 일 참 많이 겪으며 자란 아이인데 구김살 없어 보인다는 말을 들을 때면 콧날이 시큰하다. 혼자 몰래 눈물을 훔치고 있으면, 이젠 나보다 훨씬 키가 큰 녀석이 꼭 끌어안아 준다. "애썼네, 김여사"라는 말과 함께!

무한 칭찬과 자유가
사람을 움직인다

각종 세미나, 강연, 포럼, 모임, 파티 등 그동안 내가 주최해 온 수많은 행사 중 어느 것 하나 망친 것 없이 다 훌륭하게 치러냈다. 삐끗하거나 문제 되는 일 없이 물 흐르듯 매끄럽게 진행하며 성황리에 마친 비결을 많이들 궁금해하며 묻는다.

"진행팀이 따로 있나요? 크루가 있어요?" "아뇨."

"그럼, 이 크고 작은 전국적인 행사들을 어떻게 매번 성공적으로 치러요?" "그냥 돼요."

"예?!" "그냥 알아서들 해요. 서로 연락처도 모르는 엄마들이 겹치지 않게 알아서들 준비해 와요."

"예?! 그게 말이 돼요?" "안 되죠. 근데 제가 되게 해요. 너무 겹치지만 않게, 조금씩만 조율하면 다 돼요."

"아 그럼, 미리 오프라인으로 모여서 회의하거나 단톡방 같은 거 있죠?"

"아뇨, 없어요. 근데 돼요. 아주 멋지게!"

비결이 뭔 줄 알아? 내가 그 친구들 다 세워주거든. 감탄하고, 칭찬하고, 물개박수 치며 놀라워하고 "와, 세상에, 어머, 어쩜, 완전 짱인데! 이게 말이 돼?" 하다 보면 너무들 잘 해낸다. 너무 신기하게! 미리 몇 날 며칠 뻔질나게 만나 1·2·3차 회의 거듭하고 단톡방 만들어 지지부진하게 오만 사안들 토론하는 것보다 훨씬 훌륭하고 완벽하게!

사실 난 그냥 하은이 키웠을 때 했던 그대로 할 뿐이다. 애 어릴 때 했던 '배려육아' '감탄육아' '탄성육아'가 인이 박이고, 몸과 입과 심장에 그대로 새겨져 버려서 일할 때건 생활할 때건 나도 모르게 자연스럽게 튀어나온다. 사람은 누구나 자기를 좋아하고 집중해 주는 사람을 좋아하게 돼 있거든.

하은이 『합격 공식』 책 출간하고 출연한 유튜브 방송에서 인터뷰어가 물었다. "엄마의 어떤 육아 철학이 지금의 자신을 만들었나요?" 난 당연히 "책 많이 읽힌 것"

이라고 대답할 줄 알았는데, 하은이 답이 의외였다. "저에게 자유를 준 거요." 크~ 순간 왈칵했다.

녀석을 존재 자체로 사랑하고 존중해 주려 애썼던 시간들이 막 스쳐 지나가면서 자율성을 주고, 있는 그대로 바라봐 줬던 게 지금 저 아이 마음속 엄마로부터 받은 가장 큰 사랑으로 느껴졌구나 싶었다. 마냥 감탄해 주고 탄성 질러 줬던 '긍정 반응'과 '무한 칭찬'이 자유로운 사고 속에서 시도와 성취의 선순환을 이어지게 한 거라는 것도. 잘하든 못하든 박수쳐 주던 내 노력의 조각이 이렇게 커다란 감동의 순간들로 돌아올 때의 희열! 너희들도 꼭 느껴봐.

난 이렇게 '칭찬'과 '자유'라는 무기를 가지고 멋진 사람들과 신나게 논다. 서로 못 추켜세워 줘서 안달 난 것처럼 환호를 퍼부어 가면서! 서로 판단, 평가, 비판하지 않고 존재 자체를 인정하며 긍정의 시선으로 바라봐 주면 안 되던 일도 다 된다. 또 그 과정을 통해 쾌속 상승된 능력치로 각자의 삶을 더 멋지게 일구어 나간다.

귀인은 언제, 어디서
나타날지 모른다

"매일 새롭고 행복한 하루 되세요!" 같은 소리 하고 앉았네. 그런 인사말 딱 싫어. "매일 똑같고 지겨울 테지만 의미 있는 하루 보내라!" 난 이렇게 말한다. 멋지고 근사한 나의 친구, 동료, 선·후배들은 '반복에 지치지 않는 자가 성공한다'는 사실을 이미 깨닫고, 오늘도 지긋지긋하게 똑같이 굴러가는 하루를 겸허하게 맞이하고 살아낸다. 그리고 이런 사람들이 업계 상위 클래스를 휩쓸고, 끝내 해내고, 반드시 성공한다.

내 육아도 마찬가지였다. 매일 지겹도록 똑같고, 기다리던 아웃풋은 나오지 않고, 공든 탑은 일주일에 한 번씩 무너졌지만, 책육아, 영어 책육아, 놀이터육아, 배려육아 매일 반복, 또 반복했다. 단순 노무, 네버 엔딩, 무한 반복의 시간들. 똑같은 책 30번씩 토 나오게 읽어주고, 똑같은 그네 2시간씩 밀어주고, 똑같은 영어 DVD 수없이 돌려보면서 어제랑 전혀 다르지 않은 오늘을 묵묵히 살아낸 게 내 육아, 내 인생의 성공 노하우였다.

아이 5살 때 다시 일 시작하면서 만나게 된 내 인생의 현인들은 정말 다양한 모습으로 내 삶을 뒤흔들었고, 생각지도 못한 길로 나를 인도했다. 내가 노력하고 애쓰는 만큼 나를 인정해 주었고, 기회를 주었다. 때로는 내 능력에 넘치는 과분한 역할을 제안해 주기도 했고, 그 기회를 최선을 다해 잡아 과업을 완벽히 수행했을 때는 평생 받아본 적 없는 칭찬과 인정으로 나를 정신 못 차리게 했다. 물론 지금 돌이켜 보면 두렵다는 이유로 많은 기회를 차버리기도 했었다. 그 차이가 뭐였을까? 정답은 하나였다. 독서와 학습을 통해 끊임없이 성장 가도를 달릴 때는 뭐든 수락했고 기꺼이 도전했으나 그렇지 않고 그 자리에 머물러 있을 땐 도전과 선택을 머뭇거렸다. 나의 내면의 준비 여부였다. 영락없다. 제자가 준비되면 스승이 나타난다는 말, 온몸으로 경험하며 예까지 왔다.

당장은 부족하고 지치더라도 열심히 책 읽으며 성

장해야 하는 이유? 분명하다. 언제, 어느 순간, 어느 장소에서 '귀인'을 만나게 될지 모르기 때문이다. 반복되는 일상 속에서 그토록 원하는 변화와 성장을 이루어 내려면, 본받을 만하고 나에게 큰 영향을 미칠 '귀인'을 만나는 것보다 더 큰 임팩트가 또 어디 있겠냐 말이다.

남다른 시도를 해야 남다른 변화를 이뤄낼 수 있다. 단단한 내공을 갖추고 있어야 기회를 잡을 수 있고. 훗날 누군가와의 귀한 자리를 갖게 되었을 때 절대 그냥 지나치는 존재가 되지 않으려면 미리 준비해야 한다. 상대는 나의 태도와 눈빛, 언변, 어휘력, 논리, 배경지식 등에서 그동안 내가 어떻게 살아왔는지를 삽시간에 느낄 테니까. 천재일우의 기회가 왔을 때 홀랑 날려버리지 않으려면 지금의 나를 단련하는 수밖에 없다.

너의 육아, 너의 성장, 절대 포기하지 마라. 지금 이 순간이 신이 주신 마지막 기회이고, 놓쳐버리는 순간 골로 간다는 심정으로 작심 3일, 아니 작심 3시간이라도 하며 열심히 애 키우고, 책 읽고, 살림하며, 내실 키워. 성장의 끈만 놓지 않는다면, 언제 어디서고 너를 알아봐 주고 일으켜 줄 귀인은 반드시 나타나게 되어있다. 근사하고 빈틈없이 행복할 순간들이 어마무시하게 기다리고 있다는 걸 절대 잊지 마라.

육아라는 난제,
단순하게 풀어

애가 잘 크는 것 같지가 않아? 에어컨을 켜! (겨울이면 보일러 '이빠이' 틀고!) 애들끼리 자꾸 싸워서 미쳐버리겠어? 에어컨을 켜! 그 꼴 봐주게 돼! 육아가 힘들어? 에어컨을 켜! 다 포기하고 도망가고 싶어? 에어컨 켜고, 그 아래서 육아서 읽어. 내적불행이 올라와? 나한테 사랑 안 준 부모 탓 같아? 에어컨을 켜라고, 다 용서돼. 그 시절 넉넉지 않은 형편에 아등바등 사느라 그럴 만도 했겠다 싶어져.

힘든 건 내 마음이지 상황이 아니다. 흔들리는 건 내 마음이지 바람도 깃발도 아니야. 난제 중의 난제인 육아의 해법을 복잡한 데서 찾으려 하면 안 돼. 쉬운 데서 단순하게 풀어내야 돼. 어서 에어컨 켜고, 애 밥 해주고, 내일·모레·다음주 몫까지 미리 사과하고 사랑 저축해둬.

20년 넘는 육아 기간에 깨달은 중요한 두 가지가 바로 이거다. 첫째, 아이는 엄마의 말('말'이라 쓰고 '잔소리'라 읽는다)을 '듣는' 게 아니라 엄마의 행동과 삶을 '보고' 있다는 것. 둘째, 아이는 혼내고 가르쳐서 '변화하는' 게 아니라 본래의 가지고 태어난 선한 본성과 양심을 '드러내는' 것뿐이라는 걸.

그래서 육아가 어렵고 힘든 분야인 거다. 24시간 내내 엄마의 체력, 말투, 태도, 눈빛, 에너지, 기운, 실력까지 싹 다 들키고 까발려지는 이렇게 잔인한 리얼리즘이 또 어디 있냐! 튈 곳이 없어. 숨을 곳은 더더욱 없고. 그래서 엄마가 성숙한 인격과 선한 양심을 딴딴하게 세팅해 놓지 않으면 안 되는 거다.

그럴 자신도, 의지도, 부지런함도 없으면 낳지도 말아야 해. 하지만 '어머낫!' 이미 낳아버렸으면 지구가 멸망해도 돌이킬 수 없는바, 독서와 수행과 성장의 팔자를 올곧이 걸어야 한다. 고통과 기쁨, 좌절과 희망, 빡침과 벅참이 수시로 혼재하는 이 미치고 팔짝 뛰겠는 울트라 하이퍼 리얼리즘의 고행길 말이다.

일단 에어컨을 켜(겨울엔 보일러!). 그리고 책 읽어. 그래야 달라지고, 그래야 살아. 그냥저냥 대충대충 어영부영 떠밀리듯 '살아지는' 건 너무 싫잖아. 주도적으로 열정적으로 몰입해서 기꺼이 '살아내면' 아이도 그 모습 본받아 저절로 옳은 방향으로 커. 신나고 즐겁게 자기 인생 살려고 머리 쓰고 몸 쓰면서 엄마 따라 흔쾌히 그 길 간다고. 육아라는 난제는 이렇게 단순하게 푸는 거다.

"24시간 내내
 엄마의 체력, 말투, 태도, 눈빛,
에너지, 기운, 실력까지
싹 다 들키고 까발려지는
이렇게 잔인한 리얼리즘이
또 어디 있냐?
튈 곳이 없어.
숨을 곳은 더더욱 없고."

싸워볼 만해,
싸워야 하고

엄마들이 기관, 학원으로 애들 돌리면서 가장 많이 말하는 핑곗거리 중 1등이 이거다. '애랑 싸워봐야 감정만 상할 것 같아서, 사이만 나빠질 것 같아서, 안 좋은 기억만 각인될 것 같아서….' 그래서 학원 보내고, 그래서 사 먹이고, 그래서 '쌤' 붙이고, 그래서 외주 주고, 외주 주고…. 이유도 가지가지 핑계도 풍년이다.

애랑 사이 나빠질 것 뻔히 알면서도 내가 왜 집에 끼고 있고, 싸운 날도 내 손으로 집밥 해 먹이고, 안 읽은 전집이 수두룩 빽빽인데도 또 사들이고, 문제집 같이 풀었다가 상 뒤엎고 박박 찢었다가 사과했다를 무한 반복

했겠냐?

안 싸울 자신이 있어서도, 육아서를 하도 읽어서 '독서발'로 물 흐르듯 잘 해냈던 것도 아니었다. 녀석이 나랑 파트너십 생겨 무조건 잘 따라와 줬던 것은 더더욱 아니었다. 그저 크게 싸우고 애한테 트라우마로 남게 될지라도 옳은 말은 해야 쓰겠다는 신념, 고집 같은 거였다. 애초부터 신념이 있어서였겠냐? 지속하다 보니 신념이 돼버린 거지.

애 키우다 보면 아이랑 안 싸울 수가 없다. 어떻게 안 부딪히고 안 툭탁거릴 수가 있냐? 물론 엄마가 '내적 불행 제로녀'에 아빠도 '초강력 체력 + 자상한 가정남'이라면야 그럴 일 없겠지만, 나같은 인간에게 그게 어디 가당키나 했겠냐? 다툼 없이 슬기롭고 유려하게 육아의 위기들을 모면해 나가는 걸 지상 최대의 과업으로 삼고는 있으나 이번 생에는 안타깝게도 불가능한 미션이 아닐 수 없다.

싸워볼 만해. 싸워야 하고. 특히 인성, 태도, 안전의 문제에 있어선 "목에 칼이 들어와도 엄만 용납 못 해, 절대. 지금도, 앞으로도!" 해야 할 경우가 생긴다. 절대 포기할 수 없고, 물러설 수 없는 원칙과 룰은 싸울 때 싸우더라도 꼭 아이 머리에 각인시켜야 해. 그렇게 서로 끊임없이 맞춰 나가야 한다.

　　싸우고 부딪히기 싫다고 피해버리면 나중에 백 배, 천 배의 대가를 치르고도 관계를 돌이킬 수 없을지 모른다. 아프고 쓰라리더라도 피하지 말고 부딪혀서 가르치고, 맛있는 거 만들어 먹으며 다친 상처 서로 치료해 주면 된다. 인생이, 관계가 원래 그렇다.

육아 내공이
관계 내공으로

실력이 깡패가 돼버린 비결을 물으면, 난 항상 이렇게 답한다. '육아 내공'이라고. 집안 살림하듯 하는 거라고. 내가 낳아놓은 딸자식 사랑으로 키워냈듯 고객 한 분 한 분 사랑하며 정성껏 대하는 것뿐이라고. 에이~ 그런 뻔한 정답 말고 숨겨둔 비결을 말해달라고 치대도 난 달리 할 말이 없다. 그게 다인 걸 어떡해.

'육아 잘한 엄마는 뭐든 잘해!' 그 철학의 증거가 바로 나잖냐. 미치도록 예민하고 민감한 딸, 비위 맞춰가며 애가 좋아할 만한 책·놀이·공간 찾아 헤매며 보낸 숱한 낮과 밤, 해도 절대 티 안 나는 집안일…. 그 시간 속에서 도돌이표처럼 하고 또 했던 고민과 갈등이 일하면서도 계속 이어진 거다. '어떻게 하면 일을 잘할 수 있을까?' '어떻게 하면 고객이 내 서비스에 만족할까?'를 끊임없이 궁리하고 몰두해 온 것뿐이다.

꼼수 부리거나 허튼짓했다간 막바로 애 지랄발광을 복리로 뒤집어써야 하는 것도 오랜 육아 기간에 세포에 새겨져서 일에서도 '성실, 정직, 정도' 안 하면 죽는 줄 아는 인간이 돼버렸다. 뭐든 '지금, 바로, 당장' 실행해야 한다는 것도 뼛속 깊이 각인돼 버렸고. 안 하고 미룬다고 누가 대신 해주는 게 육아가 아니고, 살림이 아니니까.

특히나 '상대방의 마음이 어떨지' '뭐가 고민이고 필요한 게 뭔지'를 귀신같이 알아채는 촉은 그때 다 키워진 필살기다. 느닷없이 깨서 우는 까꿍이의 불편함 예측해 기민하게 대처하는 24시간 불철주야 철야근무 요원의 시기를 온몸으로 겪어냈기에 가능했다. 그렇지 않았더라면 납득할 수 없는 고객들의 민원과 요구를 기꺼이 감당하고 처리해 내는 일, 절대 불가능했을 거다. 험난한 비즈니스 세계에서 롱런하며 살아남지 못했을 테고. 게다가 그들의 마음을 얻고 평생 함께 갈 인연으로 맺어지게 되는 드라마틱한 일은 상상도 못했을 게다. 내 인생 최고의 민원인 하은이 너 이 자식, 드~럽게 고맙다!

같은 편끼리
싸우는 기술

"어디 엄마한테 대들어?" "엄마가 그렇게 가르쳤니?" "너는 위아래도 없어?" "엄마가 그렇게 우습게 보이니?" "가만히 있으니 가마니로 보여?"

고 순간을 못 버티고 아이랑 다투고 나면, 기분 똥 되는 거 말해 뭐해. 온종일 수산시장 생선 매대를 혀로 핥는 듯한 더러운 기분이 가시질 않는다. 되도록 안 다퉈야지. 좋게 좋게 말하고, 잘 타이르고, 참고 또 참고, 차분하고 엄격하게 가르쳐 자연스럽게 아이 태도와 행동의 변화를 유도해 나가야지. 암, 그렇고 말고.

문제는 내가 그런 대우를 받아본 적이 없다는 거다.

부모에게서 직접 보고 배운 적이 없는데 제대로 될 턱이 있나. 그나마 줄 치며 읽어댄 육아서 구절들 가까스로 부여잡고 한다고 하는데 그것도 잠시, 끝까지 아름답게 가기엔 어림도 없다. 게다가 다독과 존중육아로 머리와 심장이 딴딴해질 대로 딴딴해진 깡다구 아이의 무시무시한 풀파워 논리 공격을 맞닥뜨리는 순간, 정말 뒷골이 당기고 가슴이 조여온다. 그것이 잘 큰 녀석의 입장에선 똘똘한 협상이고 솔깃한 제안이겠지만, 아직 다 못 큰 어른 눈엔 서툴고 어벙한 꼼수처럼 보이니 그저 소리 꽥꽥 지르는 것으로 마무리될 수밖에….

그럼에도 내가 잘한 게 있다면 죽이 되든 밥이 되든 '집에서' '아이랑' 해결한 거다. 결국 딱 끼고 있으면서 애랑 둘이 풀어나가야 죽도 되고 밥도 된다. 이때 절대 잊지 말아야 할 건 아이랑 내가 '같은 편'이라는 사실이다. 애와 내가 싸우고 있는 게 아니라, 아이와 내가 함께 이 문제에 대항하고 있다는 것. 애와 나는 적이 아니라 적은 '문제' 그 자체라는 것. 그래서 우리는 결국 함께 해결해내고 성숙해질 거라는 걸 끊임없이 상기해야 서로 다치지 않는다.

물론 이런 노력조차도 '애 귀에 캔디'가 아니라 '잔소리 폭탄'으로 들리겠지만, 엄마는 아이를 허구한 날 혼내기만 하는 사람이 아니라, 외부의 적들로부터 안전하고 건강하게 지켜내기 위해 처절하게 애쓰는 사람이라는 건 분명하게 알려줘야 한다. 물론 "어머니, 과거 어머니의 잔소리가 제 인생을 올바르게 이끄는 데 정말 큰 도움이 되었습니다. 진심으로 감사드립니다!" 같은 소리 들을 생각 꿈도 꾸지 말고.

참을 수 있으면 참고, 최선을 다해 예쁘게 말하고, 예쁘게 말할 자신 없는 날은 냉동밥 녹여 김 싸 먹으라 그러고 책장 앞에 주저앉아 책이나 읽어. 절대 입 털지 말고. 아이가 크면 클수록 귀는 열고, 눈은 감고, 입은 닫아. 그래야 관계 회복의 문이 열려. 그게 바로 돌파구이고, 엄마 스스로도 자신을 알아가는 깨달음의 시간이 되는 거다.

가정에서 잘 가르쳐 보내면, 학교에서 시끄러울 일 없어

요즘 하루가 멀다 하고 터지는 '교권 침해' 문제는 볼 때마다 이게 정말 사실이라는 게 믿기지 않는다. 물론 아이 학교생활에 협조적이고 상식적인 성숙한 부모들이 대다수이며, 극소수 일부의 문제인 점 정확히 안다. 사소한 일을 확대시켜 교사를 무시하고 항의하고 협박하는 일이 어찌 가당키나 한 일인가. 단체 생활에서 응당 아이가 감내할 일을 엄마가 나서서 이래라저래라 참견하고 훼방 놓는 행위는 피치 못할 사정이 아니라면 해서는 안 되는 일이고, 교권을 무자비하게 짓밟아 버리는 행동이다. 자기 애 손해 보는 짓은 전혀 안 하겠다는 무한 이기

주의이며 무지에서 기인한 악행이다.

난 사실 바빠서 학교에 자주 찾아가지도 못했고, 학교 일에 일일이 간섭할 상황도 못 됐다. 그저 아이 떨렁 맡겨놓은 죄인이라 조마조마함과 감사함 사이 어딘가에서 아이 초등 6년을 보냈다. 어쩌다 선생님을 뵙게 되더라도 머리 조아리고 정중히 말씀드렸다. "저희 하은이에게 바로잡을 게 있다면 따끔히 가르쳐 주시고 언제든 말씀해 주세요." 사실 하은이에 대한 근원적인 믿음이 있긴 했지만, 집에서와는 다른 부족한 면이 단체 생활에서 드러난다면 선생님이 객관적 시각에서 살펴주고 언질 주었을 때 부족한 점을 바로 잡을 기회가 될 거라 생각했었다.

전인격적 교육은 반드시 가정에서 이뤄져야 한다. 학교는 아웃풋의 현장일 뿐이다. 집에서 보고 배운 상식, 예의, 도덕, 원칙, 말투, 태도가 학교에서 그대로 드러나기 마련인데, 그게 잘못됐다면 잘 타일러 가르치고 스스로 삶을 돌아보고 노력해야지, "우리 애 마음은 읽어줬냐?" "교사로서 자질이 있냐?" "애 아빠가 많이 화났다"와, 어떻게 그런 말을 할 수 있는 건지. 일시적 사회문제로 치부해 버릴 일이 절대 아니라는 생각이 든다. 부모 각자가 독서와 성찰을 통해 성숙해져야 할 문제다. 분명!

그리고 아이 마음을 읽어주는 것과, 도덕·규율을 제

대로 가르치는 건 별개의 문제다. 공감할 때 공감하고 칭찬할 때 하더라도, 꼭 지켜야 할 생활 습관, 태도, 원칙, 규칙은 타협과 협의가 아니라 부모가 '지시'해야 한다. 명확하고 분명하게! "무슨 일이 있어도 누군가를 때리면 안 돼" "어른한테는 존댓말을 써야 해" "밥 먹고 나서는 꼭 양치해야 해" 등등 경계를 지어주는 건 반드시 엄마가 해야 할 일이다. 내 아이가 단체생활, 사회생활에 피해 끼치지 않고 협업하며 잘 생활할 수 있도록 집에서 잘 가르쳐 보내자. 내 자식 귀하면 남의 자식도 귀한 법이다.

아무리 많이 해도
해롭지 않은 잔소리

차라리 말을 해. 머뭇거리고 빙빙 돌리다 괜히 애먼 데 걸고넘어져 애 잡고 집안 분위기 망치지 말고 아싸리하게 말을 해. 해버리라고!

"책 읽어라." "적당히 놀았으면 좀 읽어."

"좋은 말로 할 때 읽어라."

"엄마 변신하는 꼬락서니 보기 싫으면 책 좀 읽으라고. 너도 양심이 있으면 알아서 '쫌' 읽어야지."

후아 후아, 어차피 들켜. 안 들킬 수가 없잖아. 뻥 좀 쳐서 집이 지역도서관이나 다름없고, 도서 대여점 오픈 이틀 전 상황인데, 단골 고객님이 당최 책을 안 읽으시니

주인장 화딱지 나서 소금 휙휙 뿌리고 다시는 얼씬 못 하게 하고 싶은데, 하필 그 고객님이 주인장 자식이라 그러지도 저러지도 못하고 아놔~!

"애는 열심히 사는 엄마의 등을 보고 큰다"는 내 말에, 애 잘 안 보는 브리태니커 백과도 먼저 들춰보고, 서울대 인문고전도 열심히 깔짝거리고, 주니어김영사 수학동화 시리즈도 열심히 읽고는 있는데, 왜 내 자식은 따라 보기는커녕 내내 놀고 있고(유·초딩), 자빠져 자고만 있느냐(중·고딩) 말이다. 아주 그냥 미쳐버리겠지?

원래 그래, 애는. 내 맘 같지 않고, 당최 뜻대로 되는 게 하나도 없다. 누구나 다 쉽고 잘 해내면 그게 어디 육아겠냐? 전국 팔도, 전 세계가 맥을 못 추고, 모은 재산 거의 쏟아붓고도 망해 자빠지는 게 육아 아니겠냐고.

자, 요 시점에서 학술적으로 단어 정리 한번 가자. "잔소리란?" 1. 옳은 말을 듣기 싫게 하는 것. 2. 꼴 보기 싫게 말하는 엄마의 조언. 3. 부모의 칼 같은 바른말.

캬~ 단어 정의 죽이지 않냐? 사춘기 하은이랑 3차·4차·5차…15차 대전까지 펼치던 지옥의 어느 날, 약이 잔뜩 오른 녀석이 엉엉 울면서 했던 말이 이거였거든.

"엄마 말은 너무 맞아서 싫어. 진짜 화딱지 나게 싫어!"

그래서 난 그날부로 다짐했다. '이제부터 차라리 틀린 말을 듣기 좋게, 기분 좋게 해야지. 으헤헤~ 거리면서 바보같이 해야지. 옳은 말은 이미 녀석도 알고 있을 테니 스피디하게 치고 빠지고!' 물론 매번 실패하기 일쑤였지만 매일 (희)망하면서도 또 하고 또 했다.

그래도 유일하게 이쁘게 안 나가는 말이자, 자주 하는 말이자, 애한테 결코, 전혀 해롭지 않은 말이 이거다. "책 읽어라!" 그렇게 많이 읽고, 엄마인 나보다 만 배는 많이 읽은 자식놈한테 질릴 때까지 하는 말이다.

난 계속할 거다. 애 집 나갈 때까지, 애 시집 가버릴 때까지. 아무리 많이 해도 세상 전혀 해롭지 않은 잔소리니까.

살림
내공

작은 행복과
큰 성장의 상관관계

　요즘 내가 주말을 기다리는 이유 중 하나는 이거다.
'여유롭게 집안일 할 수 있는 것!'

　아침에 일어나자마자 좋아하는 음악 빵빵하게 틀어
놓고, 주중에 못 한 큰 빨랫감 세탁기 돌려놓고, 미처 손
못 댄 구석구석 닦고 쓸고 정리하고 버리다가, '띠링' 소
리 나면 빨래 꺼내 건조기에 돌려놓고, 미뤄뒀던 식재료
갈무리해서 소분하고, 또 '띠링' 다 돌아간 건조기에서 뜨
끈한 빨래 꺼낼 때의 그 미친 쾌감. '크~ 이 맛에 살지!'

　그사이 내린 드립커피는 온 집안을 힐링의 향으로
채운다. '겉바속촉'으로 데워진 빵을 좌락좌락 찢어 커피

랑 같이 먹는 맛, 너무 맛있게 쓰고 달고 시고 촉촉하고 쫄깃하고 부드러워 눈물이 난다. '이게 축복이지, 인생의 맛이 다 들어있네!'

그렇게 한참 여기저기 발랑발랑 움직이며 집안일 하다 책 읽다 글 쓰다 커피 마시다 음악 고르다 보면, '소확행'의 진정한 의미를 깨닫게 된다. 그저 작은 일상에 만족하고 마는 소소한 행복이 아니라, 아주 작은 일에 만족하고 감사하는 그 '힘'을 활용해 내가 진정 해내고 싶은 일, 육아, 성취, 성장을 이뤄내겠다는 의지가 진짜 '소확행'인 거다. 이 과정에서 반드시 작은 행복과 큰 성장을 연결시키는 '용기'가 필요하다. 그 용기 없이는 그저 소소한 재미에만 만족하며 해이한 삶을 살다 가는 거다.

결론은 일상의 작은 행복을 깨알같이 찾아내 그걸 지렛대 삼아 내가 지금 하고 있고, 해야만 하는 '일'에서 극강의 효율을 내보자는 말이다. 그 일이 나에겐 하은이 낳기 전 6년간의 불임 기간엔 '살림'이었고, 그 이후엔 '육아'였고, 본의 아니게 가장이 되어 돈 벌어야 했을 땐 '일'이었고, 큰 세상을 경험하고 이끌고 나누는 지금은 '일과 성장의 선순환'이다. 악착같이 일상의 소소한 행복과 감사함을 찾아내며 살아왔기에 견딜 수 있었고 잘 해낼 수 있었다.

김선미의
'남는 장사론'

우리집은 거실, 주방, 방 모든 공간이 휑하다. 거의 깡그리 비워 없애고, 무채색으로 세팅해 헐렁한 공간을 유지하고 보존하며 산다. 그 말인즉 일이든 공부든 식사든 파티든 바로 그 자리에서 착! 시작하고 집중할 수 있는 환경이 상시 대기하고 있다는 거다. 그래야 '작업 전환'이 빠르게 이루어지고, 바로 몰입해 들어갈 수 있어 뭘 하든 효율이 높아지기 때문이다. 덕분에 무채색 공간에서 유채색의 화려한 이벤트가 펼쳐진다.

쓸데없이 사 쟁이지 않고, 있는 것은 수시로 정리하고, 거슬리는 물건은 끝내 버리고 없애는 일. 불편하지 않은 건 물론이거니와 시간과 돈이 남는다. 모인다. 그 돈으로 비싼 경험을 사고, 고가의 공부를 하고, 귀한 인연을 만나러 가고, 신나는 파티를 연다. 좋은 사람들과 좋은 자리를 만든다.

이 모든 게 제대로 크지 못한 자식으로 인한 캥김도 없기에 가능하다. 어쩔 수 없다. 엄마라는 타이틀을 단 순간부터 우리는 절대 자유로울 수 없다. 긴 인생, 온전한 순간을 즐기려면 인생의 어느 한 시즌은 오롯이 내 아이를 위해 투여해야 한다.

희생하고 헌신하라는 게 아니다. 누구보다 더 짧고 굵게 치고 빠지라는 거다. 더 많이 부비대고 끼고 책 읽어주며 사랑 범벅으로 키워놓고 토끼라는 거다. 육아의 모든 굴레와 속박을 벗어던지고 자유를 찾아 떠나버려! 그게 인생 최대의 남는 장사인 거야!

'이문 남는 육아' '이문 남는 살림' '이문 남는 인생'을 살리려면 그 시기, 바로 그 과업만큼은 무슨 일이 있어도 제대로 해내야 한다. 공부든, 살림이든, 육아든. 깔끔하고 화끈하게. 서로 여한 없이 각자 자신의 인생을 훨훨 나는 나와 하은이처럼!

내 몸, 내 손으로
해야 '찐'이다

　　엄마인 우리는 아파도 안 된다. 아프면 그날은 모든 게 꽝이다. 잠 못 자도 육아 완전 망하고, 살림은 뭐 당연히 꽝! 내 몸 아파봤자 나만 손해다. 남편은 개뿔, 개미 새끼 한 마리도 나 챙겨주거나 대신해 주지 않는다. 처량하고 슬프지만 내 몸, 내 정신 내가 챙겨야 한다. 그거 자신 없으면 혼자 비구니로 살다 죽든가.

　　바쁜 내가 집에서 직접 요리해 먹으려 노력하는 것도, 아침마다 그린 스무디 원샷하고 영양제 한 움큼씩 퍼먹는 것도 다 그 이유다. 귀찮아 죽겠어도 천생리대 손으로 빨아 쓰는 일, 몸 움직여 살림하고 노동으로 하루를 채우는 일, 그때그때 제철, 로컬 식재료 공수해 말리고 정리해 놓는 모든 일들이 결국 '아이고 내 팔자야~' 쏭 안 하려고 이 난리인 거라고.

그래, 시간 들지. 그거 할 시간에 사람 쓰거나 기계 돌리고 돈 더 벌거나 투자 공부하러 다니는 게 나을 거 같지? 쳇! 내가 다 해봤거든요. 편한 거 딱 이틀 간다. 잉여 시간 동안 뭐 그다지 대단한 성과를 내는 것도 아니다. 외주 줄 일이 따로 있고, 반드시 내 손으로 해야만 하는 일이 있다는 거, 헛짓해 보고 나서야 알게 됐다. 작업의 가치와 결과물, 그 과정에서 느끼는 깨달음과 감사함을 비교하며 시행착오를 겪다 보면 알게 된다. '살림'과 '노동'만큼 나의 삶과 인생을 윤택하게 만들어주는 것도 없다. '육아'는 너무 당연하고.

내 살림, 내 공간, 내 육아는 내 손으로 해내야 '찐'이다. 삶의 질과 가치, 기분과 만족도의 차원이 완전히 다르다. 게다가 그 모든 걸 함께 하며 큰 하은이는 보고 배운 그대로 온전한 생활인으로 컸다. 모든 집안일을 자신의 일인 양 그냥 한다. 이만큼 위대하고 완벽한 자녀교육이자 평생학습이 또 어디 있겠니? 지덕체(知德體)의 균형? 전인교육(全人敎育)? 뭘 더 바라?

아이는 엄마가 먹인 음식,
그 자체다

'얘가 요즘 왜 이러지?'

'왜 자꾸 징징대고, 가만히 있지를 못해?'

'또 감기야? 휴, 요즘 왜 이렇게 자꾸 아프지?'

이유 없이 녀석이 짜증과 난폭함을 표출하거나 비실거리고 자주 아플 땐 영락없이 애 먹이는 밥상에 빵꾸가 뻥뻥 나 있을 때였다. 애 아빠랑 가열차게 싸우고 며칠간 냉전을 벌이거나 고부간의 갈등으로 지옥길을 걷고 있을 때가 그랬다. 다 귀찮고 사는 게 싫었다. 밥상이 부실해지는 건 당연했다. 괴로움에 몸서리치다 뛰쳐나가 엄마들이랑 어울리기라도 하는 날이면 녀석의 위와 장은 그야말로 전쟁터가 따로 없었을 게다. 아이의 반항기고 나발이고 그게 중요한 게 아니었다. 끼니만 때워 준다고 다가 아니었는데…. 고 쬐끄만 몸뚱이를 해로운 음식과 가공식품으로 가득 채워놨으니 탈이 나고 심성이 고장이 나는 게 당연하지.

죄 없는 애 처잡을 게 아니라 내가 만들어 먹이는 밥상을 수시로 들여다봐야 한다. 애 어릴 때 먹인 게 정말 평생을 가거든. 농담 아니다. 아이가 평생 밝고 활기차고 건강한 인생을 살게 할 것인지, 감정 조절 잘 안되고 의욕도, 의지도 없이 살게 할 건지는 전적으로 엄마의 손에 달렸다.

내가 안 이상, 그 성분과 유통 구조를 알아버린 이상, 시판 이유식을 먹이는 건 엄마의 직무유기이며, 외식·배달음식으로 내 아이의 끼니를 때우는 건 명백한 근무 태만이다. 괜히 스트레스 푼답시고 너무 자주 치킨, 피자 시켜 먹고 귀찮다고 외식에 의존하고 있는 건 아닌지, 수시로 돌아봐야 한다.

힘들어서 어쩔 수 없다고 널브러지지도, 내가 만든 거 맛없다고 좌절하지도 말아야 한다. 서툴다고 포기해서도 안 된다. 누구든 할 수 있고, 해야 하는 게 내 아이의 먹거리다. 처음엔 누구나 오래 걸리고 힘들지. 근데 자꾸 하다 보면 점섬 맛있어진다.

짬 날 때, 애 놀 때 호두, 밤, 마늘, 양파 까놓고, 고구마, 감자, 단호박 쪄놓고, 오이, 당근, 파프리카, 콜라비 잘라 놔. 수시로 배고파하는 아이, 그 귀한 빈속을 화학조미료, 감미료, 첨가물로 채우면 그 속이 얼마나 부대끼겠니. 직접 갈무리한 신선한 농작물, 야채들 아이 손 닿는 곳에 두면, 오며가며 주워 먹고 끼니로도 손색없다. 쪄놓은 고구마, 감자, 단호박 남으면 다 섞고 주걱으로 으깨서 옥수수, 크랜베리 넣고, 꿀, 마요네즈 추가해 사정없이 비벼. 마구 비벼. 와구와구 퍼먹는 맛난 샐러드이자 최강의 식사가 된다.

지금의 내 아이는 그동안 내가 먹인 음식이고, 내가 준 사랑 그 자체다. 아이의 뒷모습에 내 스스로 캥기지 않으려면, 오늘도 건강한 먹거리 공부하고 매 끼니 건강한 집밥 해 먹여야 한다. '엄마 손으로 해준 밥의 힘'은 아이에게 평생 힘이 되고, 인생 저력이 된다.

"지금의 내 아이는
그동안 내가 먹인 음식이고,
내가 준 사랑 그 자체다.
'엄마 손으로 해준 밥의 힘'은
아이에게 평생 힘이 되고,
인생 저력이 된다."

가공식품, 바깥음식 끊고, 건강 집밥으로

'고효율의 나'로 살기 위해 매일 빼놓지 않고 해야할 일! 바로 집밥 해 먹기다. 나이 한 살, 한 살 먹어갈수록 왜 이렇게 체력이 떨어지고, 짜증이 나고, 어디가 자꾸 고장 나고, 살은 피둥피둥 찌는지…. 저질 체력의 몸뚱아리를 확 바꾸고 싶다면 먹거리부터 바꿔야 한다. 가공식품, 배달음식 딱 끊고 신선한 재료와 건강한 양념으로 만든 소박한 음식으로 식탁을 차리는 거다.

사실 난 소식(小食)은 못 해. 안 해. 1남 2녀 중 둘째 후남이로 자라 치여가며 사느라 실컷 먹지 못한 과거가 있어서 밥 먹다가 중간에 젓가락 내려놓기가 남편 읽기

독립보다 어려워. 그리하여 내놓은 꼼수가 많이 먹어도 해롭지 않고 살 안 찌거나 덜 찌는 야채, 과일을 배부르게 먹는 거다.

채식이 밋밋하고 맛없고 멋도 없는 팍팍한 메뉴라고 누가 그래? 해 먹을 게 얼마나 많은지 모른다. 제철에 나는 콜라비랑 파프리카 채 썰어 그냥 씹어만 먹어도 얼마나 달고 맛난지 모른다. 수분이 많아서 물 따로 마시지 않아도 되고, 한 양재기를 앉은자리에서 다 주워 먹게 된다.

'생식'만큼 좋은 게 없지만, 간단히 굽거나 쪄서 먹을 수 있는 레시피도 무궁무진하다. 두부 깍둑 썰어 프라이팬에 살짝 굽고, 어린잎 채소랑 곁들여 먹으면 고소하고 씹는 맛도 일품. 아래 밥 깔고, 구운 두부 얹어 갖은양념 만들어 뿌려 먹으면 한 끼 식사 건강하게 해결이다.

바삭바삭 감자채전도 얼마나 쉽게? 감자 채 썰어 소금, 후추 살짝 쳐서 그대로 프라이팬에 지져도 끝내주는 전이 된다. 달걀, 밀가루 안 넣어도 뒤집개의 절묘한 힘 조절로 잘 펴고 눌러주기만 하면 끝! "호호 후아후아~ 너우 마이꺼!"

아침마다 윙윙 드릉드릉 온갖 제철 야채, 과일 넣고 스무디 갈아 마시는 건 이제 루틴이 됐다. 사회생활 하며 어찌다가 먹게 되는 바깥음식도 다음 날 마시는 그린스무디 한 잔이면 해독이 된다.

나와 아이, 우리 가족의 건강, 절대 누가 대신 챙겨주지 않는다. 조금만 눈 돌리면 찾을 수 있고, 조금만 몸 움직이면 맛있게 만들어 먹을 수 있다. 세상이, 자본이 아무리 배달음식, 밀키트, 가공식품 동원해 포크레인으로 내 집을 밀고 들어와도, 엄마가 정신만 똑바로 차리면 얼마든지 방어할 수 있다.

'하고 싶은 일'과 '하기 싫은 일', 두 가지만 있을 뿐

날 좋은 주말 아침, 간만에 침구 커버 싹 다 벗겨 세탁했더니 세상 개운하다. 침대 매트리스 안 쓰고 목화솜 요랑 이불을 쓰다 보니 매번 커버 벗겨서 세탁하는 일이 여간 번거로운 일이 아니다. 빨고 건조하는 거야 기계가 다 해주니 일도 아닌데 문제는 다시 커버 끼우기. 애랑 사이 좋을 때야 둘이 펴고 끄트머리 잡고 휘리릭 뒤집으면 삽시간에 끝나는 일이지만, 오늘처럼 사이 안 좋은 날은 혼자 끙끙대며 해야 한다.

별것도 아닌 일을 혼자 씨부렁거리면서 끝내고 난 후 청소기를 윙윙 돌리다 든 생각, '이 세상엔 하고 싶은

일과 하기 싫은 일, 딱 두 가지만 있을 뿐이네. 어려운 일과 쉬운 일이 있는 게 아니고….'

우리가 꼭 해야 하는 집안일들은 하기 싫은 일일 뿐이다. 어려운 게 아니고. 그냥 하면 된다. 갓 결혼한 새댁 때야 낯설고 어렵게 느껴질 테지만 자꾸 하다 보면 자연스레 짬이 생기니 쉬운 일이 돼버린다. 그렇다고 하고 싶은 일이 되는 건 절대 아니다. 하기 싫지만 그냥 해야 하고, 하면 되는 일인 거다.

그런 의미에서 육아는 '하기 싫은 일'의 최고 단계! '처음엔 어렵게 느껴지는 일 → 시간 지나면 해볼 만한 일 → 익숙해지면 쉬운 일'이 되는 거다. 시시각각 새로운 미션이 주어지고 애가 커가면서 변형 기출 문제가 수시로 튀어나오지만, 양육자인 내가 물러서지 않고 변형, 기형, 괴기형으로 변신해 가며 풀고 해결해 나가다 보면 내 자식만큼은 어려운 대상이 아닌 쉬운 존재가 된다는 거다.

결국 자녀 양육은 하기 싫은 일, 귀찮고 지긋지긋한 일인 거지 어려워서 풀지 못할 일은 아닌 거다. 게임에서도 만렙까진 아니어도 내 레벨을 조금이라도 끌어올리려면 아무도 알아주지 않는 '레벨 노가다'를 해야만 한다. 처음엔 불리한 패를 쥔 채로 싸우느라 얻어터지기도 하지만, 끊임없이 배우고 연습하고 무기 챙기고 갈고 닦으며 무한 반복의 훈련과 전투의 시간을 겪어내면서 'Lv.0'에서 'Lv.10'까지 올리는 거다. 그러고 나면 모든 게임이 다 쉬운, 모든 상대가 다 우스운 실력을 갖추게 되는 거다.

"쉽지 않더라구요" "어려워서 못 하겠어요" 입 밖으로 꺼내지도 마라. 그냥 하기 싫은 거다. "나는 기계다" "나는 육아 머신이다" 뇌까리며 그냥 하는 거다. 얼른 대차게 끝내버리고 제대해서 자유롭게 살아야지. 일도 하고 돈도 벌고 이쁘게 꾸미고 싸돌아다니면서 멋진 사람들이랑 희희낙락 배우고 나누면서 인생 즐겨야지. 안 그래?

내 집 인테리어·살림살이 '화이트'로 통일하는 이유

내가 집안 살림살이를 죄다 화이트로 통일한 이유는 딱 하나다. '내 에너지를 안 뺏어가니깐!' 이쁘고 깨끗한 건 둘째 문제다.

널브러져 있건, 어질러져 있건, 알록달록한 색에 비해 내 에너지가 가장 덜 소모되고, 신경이 덜 쓰인다. 집에 있는 물건들도 마치 살아있는 생물처럼 나의 에너지를 알게 모르게 빼앗아 가기도 하고(-), 북돋아 주기도 하거든(+). 에너지 처지고 다운되면 예전 같으면 티비랑 소파 합체족 돼서 애도 밥도 내팽개쳐 버리고 드러누워 있었을 건데, 이젠 '끙차!' 일어나서 막 치운다. 버리고 정리하고 닦는다. 누가 보면 딱 강박증 환자다. 하지만 시행착오 투성이었던 지난 세월 이야기 들으면 누구라도 이해하게 될 거다.

유독 시각에 민감한 나, 내가 사놓고 내가 지랄하고, 내가 어질러 놓고 괜히 애 잡고, '어지르는 놈 따로~ 치우는 놈 따로~' 쏭 전라도 출신 울 엄마한테 찰지게 물려받아 하루 왠종일 돌림노래로 불러댈 게 뻔한바, 대충 꺼내져 있고 어질러져 있어도 최대한 내 신경을 거스르지 않는 화이트만 남기게 된 거다.

여러 차례의 이사를 거치면서도 결국 버려지고 비워진 것들은 가격을 떠나 '알록달록이'들이었고, 대체품은 최대한 안 샀고 사더라도 가성비 따지는 짓 안 하고 화이트 이쁜이만 샀다. 컬러감 돋보이는 컨셉 인테리어 다 해보았으나 부질없음, 덧없음, 성황당 같음! 그릇도 색깔 있는 거 다 없애고 하얀 애들만 남겼더니 어떤 음식을 대충 담아놔도 미슐랭 가이드다.

물건에, 살림에, 국민템에 빼앗길 에너지 조금이라도 아끼고 모아 일도 하고, 돈도 벌고, 책도 읽고, 공부도 한다. 무엇보다 아이를 더 사랑하게 된다. 덜 화내고 지랄도 줄고 짜증, 잔소리도 팍 줄었다.

육아에 있어선 뭔가를 더 하는 것보다 나쁜 걸 하지

않는 데 수십 배의 에너지가 든다. 내 에너지를 보존하기 위해 난 양잿물이라도 퍼마실 거다. 녀석을 더 사랑하기 위해, 덜 화내기 위해 인테리어·살림살이 화이트로 통일하는 것쯤이야! 나한텐 일도 아니다. 더한 일도 얼마든지 할 수 있다.

　나보다 천 배, 만 배 잘 크고 있는 멋진 내 아이를 끄집어내려 바닥에 패대기치는 일은 절대 없게 할 거다. 어미인 나를 이기고 밟고 일어나 대대로 물려 내려온 어둠의 내적불행 끊어버리고, 밝고 광활한 자아 장착해 세상을 이기고 뚫어내는 아이로 크게 할 거다, 난.

'살림 공부'가
일머리 키우는 기회

사무실에서 내가 일 제일 많이 하고 잘하는데 내 책상이 제일 깨끗하다. 꼭 필요한 도구와 기기들만 제자리에 놓여있을 뿐, 서류도 업무 관련 참고자료도 거의 없다. 쌓아놔봤자 안 볼 게 뻔하고 시간만 잡아먹는다는 걸 다년간의 육아·살림 기간을 통해 알아버렸기 때문이다. "이사님 자리에 뭐가 아무것도 없네요. 어떻게 이런 곳에서 그런 엄청난 퍼포먼스를 내시는 거예요?" 수시로 듣는 질문이다.

'내 책육아 + 애 책육아' 제대로 해내려면, 집안일에 치여서도 안 되지만 집안일 내팽개치고 무시해서도 안 된다. 대기업, 중소기업, 영업직, 계약직, 강사, 주부, 엄마, 가장까지 다 해본 경험자로서 말하건대, 단순 업무 무시하는 사람 치고 성공하는 사람 한 명도 못 봤다. 집안일이 언뜻 단순 노동처럼 보이지만 이토록 치밀한 고도의 두뇌 회전과 체력과 근성을 요하는 분야가 없다. 해도 해도 끝이 없고 티도 안 나는 이 짓을 능숙하게 해내 버리면 최정예 특수요원이 됨은 물론이고, 듣도 보도 못한 무한계 능력자로 거듭난다.

하지만 현실은 시궁창. 육아 삽질, 집안 잡일 왜 이리 궁상맞고, 24시간은 왜 이리 부족하고, 내가 왜 이러고 살고 있나, 이러려고 공부했나 싶지? 응, 그러려고 공부했어, 너도 나도! 당연히 해야 하는 과업인데 능숙하지 않으니까 갑갑하고 오래 걸리는 것뿐이다. 능숙해질 만큼 시간과 노동을 투자해 보지도 않고, 스마트폰질 하며 허송세월 보내면 절대 실력이 늘 수가 없다. 제대로 혼신의 힘을 기울여보면, 어떻게 동선을 최소한으로 줄일지, 시간을 단축할지, 효율을 높여나갈지, 자동으로 머리 굴리고 몸 쓰게 된다.

그 '두뇌 훈련 + 몸 훈련'을 꾸준히 해나가다 보면, 날 지치고 힘들게 하는 게 의식주에 필요한 단순 활동 자체가 아니라 소비 활동이라는 걸 깨닫고 스스로 시스템을 만들게 된다. 군대육아 기간은 그야말로 나 스스로를 정비하고 실력을 쌓는 절호의 찬스, '일머리' 키우는 최고의 기회! 이왕 주어졌으니 제대로 활용하자. 약아빠진 여우같이.

그러면서 아기여우 내 자식에게도 수시로 집안일 시키는 거다. 그러다 보면 "어머, 어떻게 이렇게 일머리 좋은 아이가 다 있대요? 아이 너무 잘 키우셨어요!" 수시로 듣게 될 터이니.

극단적 비움,
미니멀의 가치

나도 애 어릴 땐 맥시멀리스트였다. 「세상에 이런 일이」에 나와도 이상하지 않을 법한 수집광 엄마 아빠 밑에서 컸는데 어련하겠는가. 게다가 뭐가 다 서투니 잘해보겠답시고 온갖 도구들을 사들여 씻고 말리고 닦고 넣다 늙어 죽을 지경이었다. 그러다 미니멀에 관한 책 보고 빡 돌아서 정말 비이성적으로 싹 다 없애버리고 충격적으로 비웠더니 몇 날 며칠 검색하고 싸돌아다녀 사들이고 모시고 산 과거가 얼마나 부질없는 삶이었는지가 온몸으로 느껴졌다.

집안일 자체가 많아서 힘들다고 생각했었는데, 그

게 아니었다. 내가 사들인 수많은 살림살이들 수발드느라 그리 바쁘고 정신없었던 거였다. 고르고 검색하고 사느라 시간 버려, 배송비 맞추느라 쓸데없는 거 끼워 사서 돈 버려, 이쁘지도 않은 그 물건들 씻고 말리고 수납하느라 속 터져, 또 빨고 정리하고 찾느라 애 잡아. 하~ 있으면 편리하다며? 왜 삶은 더 불편하고 일만 늘어나냐고.

결국 집의 문제, 수납공간의 부재, 물건의 부족이 아니라 '과잉'의 문제로구나. 내 마음이 허한 거로구나. 깊은 깨달음과 후회로 가슴 친 후 정리, 비우기에 관한 책 쌓아놓고 읽고, 관련 다큐 찾아보면서 살림살이들을 극단적으로 없애고 비웠다.

놀라움의 연속이었다. 없어도 되네! 이래도 살아지네? 아니, 여보세요! 판매자님, 쿠팡, 쥐시장 대표님! 당신들이 말한 삶의 획기적인 편리와 드라마틱한 변화가 왜 그 물건 버리고 나니까 찾아오고 난리랍니까? 아, 아니지요. 삶의 공허와 허기를 물건 구매질로 메꾸려 한 나의 잘못이지요, 암요.

도통 정리 안 되고 너저분하고 아무리 머리를 굴려도 답이 안 나올 때 그냥 싹 다 버리면 된다. 수납하려 하지 말고, 통째로 갖다 버려야 한다. 난 서랍 정리 그딴 거 안 한 지 오래다. 서랍장째 고대로 홀라당 버려서 더 이상

할 게 없다.

극단적 비움 상태를 지속적으로 유지하려 노력하는 것은 더 또랑또랑한 눈으로 나의 내면과 더 큰 세상을 바라보기 위함이고, 내가 가진 작고 사소한 것에 더 많이 감사하고 경탄하기 위함이다. 인생의 크고 작은 일들을 정통으로 뚫어내며 심적, 정신적 대공황까지 겪다 보니 그동안 책에서 보고 줄 쳤던 모든 것들이 내 온몸 심혈관, 뇌혈관을 타고 살아 움직인다. 그걸 놓치지 않고 고스란히 담아놓고 흘리지 않으려고, 내 주변을 비우고 정리하는 거다.

그렇게 사부작사부작 내 주변을 '미니멀'하게 만들어 거기서 세이브되고 생겨난 에너지로 내 가슴과 머리를 '맥시멀'하게 채우고 화력을 키운다! 물건의 '결핍'에 의해 얻어진 실생활에 대한 '열정'으로 하루하루를 더 뜨겁게 산다!

살림의 끝판왕,
정리의 끝판왕

요즘 난 살림하는 데 들이는 시간이 극히 적다. 과거 집안일에 매여 정신없이 살 때에 비하면 진짜 거의 안 하고 산다고 해도 무방하다. 극단적 비움 끝에 살림을 거의 안 하는 게 결국 '살림의 끝판왕'이고, 정리할 필요가 없게 만드는 게 '정리의 끝판왕'이라는 걸 알게 됐다.

물론 너저분한 채로 집안을 방치하거나 바깥음식 사 먹으며 손 놓는다는 게 아니다. 밖에서 일할 때를 제외하고는 전부 내 손으로 해 먹고 빨래, 청소도 하은이랑 같이 다 한다. 바쁜 일정 속에서도 잘 먹고, 잘 자고, 잘 입고 살며 극강의 효율을 내는 것은 궁리하고 머리 쓰고 온갖 꾀를 동원해 집안 살림의 루틴을 단순화했기 때문이다.

내 집 냉장고에는 소분된 밑재료들이 항상 대기 중이다. 바쁘다는 핑계 대며 나가 먹거나 시켜 먹을 미래의 나년을 막아낼 극강의 대비책이다. 장 봐오자마자 후다닥 뜯어 소분해 바로 꺼내 해먹을 수 있게 투명한 용기에 착착 넣어놓는다. 꾸역꾸역 사서 백날 천날 쟁여놓는 짓은 절대 하지 않는다. 최소한으로 구비하며 신선한 먹거리를 그때그때 섭취하는 '저장'과 '비우기'의 균형을 칼날같이 조절하는 일, 내 주방 살림의 철칙이다.

온갖 야채들 대충 썰어 살짝 쪄 올리브유랑 발사믹 식초 뿌려 먹는 나의 요즘 주식은 10분도 채 안 걸린다. 반드시 시간 들여서 해야만 하는 제철 식재료 갈무리 같은 굵직한 일들은 체력 되고 시간 널널한 날 좋은 다큐나 영화 틀어놓고 운동하듯 해놓는다. 주방이 곧 짐(Gym)이고 명상 수련장이 된다.

세탁도 주말에 건조기 돌려 바로 정리해 넣으면 일이 없다. 녀석이 청소기 돌리는 사이 밀대로 바닥 쓱쓱 밀면 금세 윤이 난다. 세수하고 닦은 수건으로 거울이랑 세면대를 닦고 빨래통에 넣는다.

미니멀을 유지하면서도 이왕이면 깔쌈하고 이쁘장

한 상태를 유지하는 비결은 내 공간에 대한 제1원칙 덕분이다. '날 감싸고 있는 공간이 최대한 날 괴롭히지 않으면서 내가 사랑받고 있다고 느끼게 할 것.'

누가 먼저 날 사랑해 주길 원하지 않는다. 내가 날 사랑해 주면 된다. 내가 만족할 정도로 스스로 꾸며주고, 내 주변 공간을 내 취향대로 세팅해 놓고, 나 혼자 으하하하! 호탕하게 웃으며, 일하고 돈 벌고 놀고 쉬고 공부하고 휴식하는 삶, 얼마든지 가능하다.

멘탈
내공

IQ의 시대는 가고,
MQ의 시대가 온다

자신의 본성을 인식하는 능력 '멘탈 지능'이라고 들어봤어? 바야흐로 IQ(Intelligence Quotient)의 시대는 가고, MQ(Mental Quotient)의 시대가 온다. 구글 초창기 멤버인 차드 멍 탄이 제시한 개념인데, 구글 직원을 위한 '내면 검색'이라는 프로그램도 엄청 흥미롭더라고. '내가 누구인지'를 분명하게 자각하는 능력이 얼마나 위력적인지, 그리고 얼마나 큰 성장을 이루게 하고 가치관 또한 획기적으로 변화시키는지, 애 키우면서 소스라치게 놀라고 깨달아 왔기 때문이다.

'나는 누구? 여긴 어디?' 그 질문을 가장 많이 쏟아내는 작업이 바로 육아다. 그야말로 강제로 주어진 자아 성찰의 시간! 말이 좋아 성찰이지 현실은 '발작'에 가깝다. 발랄은 무슨, 발광도 약하다. 발작이다. 내게 있는 오랜 지병, 지랄발작! 억울함, 분노, 짜증, 폭발, 죄책감, 자책감… '내가 저 어린것에게 무슨 짓을 한 겐가' '이러려고 낳았나' '쟤 불쌍해서 어떡해' 길고 긴 밤을 지새며 눈물로 쓴 사과편지에는 엄마인 나 자신을 들여다보고 다짐한 내용들로 빼곡했다. 그때 내가 책을 읽지 않았더라면, 하은이에게 책이라는 치료제가 없었더라면, 생각만 해도 끔찍하다. 멘탈 지능은커녕 누구 하나 죽었거나 애저녁에 호적 파서 집 나갔을 거다.

매일 나 자신을 '조형'하고 '해체'하고 '재설정'하던 고통의 시간들. 하지만 배짱, 맷집, 능구렁이 눈웃음으로 무장해 어떤 순간에도 끄떡없고, 어떤 난관이 와도 뚫어낼 초강력 멘탈 지능을 장착해 준 시간이기도 했다. 드~럽게 감사하다.

멘탈 지능의 최상위 단계는 '포기를 모르는 멘탈'이다. 바늘구멍같이 작은 가능성을 뚫어내고 마침내 성공하는 사람들은 '부와 명예를 얻는 데' 성공하는 게 아니라, 끊임없이 '버티는 데' 성공하는 거다. 버텨. 그리고 명심해라. 너 자체가 기적이라는 걸.

'Chance'를 'Choice'로
바꿀 수 있는 용기

"넘어지는 것은 너의 잘못이 아니지만, 일어나지 않는 것은 너의 잘못이다."

우연히 발견한 문구를 미친 듯이 다이어리 맨 앞장에 적으며 생각했다. '자책하지 말고 선택하자.' 내 인생사 신나고 행복하고 감사한 일도 참 많았지만, 여기저기서 크고 작은 일들이 뻥뻥 터져서 온갖 스트레스에 뇌가 터지냐, 심장이 터지냐 했던 순간도 참 많았더랬다.

그때마다 내 깜냥에 넘치는 엄청난 결정과 실행을 연속적으로 하다 보니 결국은 내가 저지른 일들 때문에 이불 차기 하기 일쑤였다. 살다 보면 진짜 구질구질하고 고달프고 귀찮은 일들 투성이거든. '나에게 왜 이런 일이 벌어졌을까?' '안 그래도 힘들어 죽겠는데 왜 또 터져!' '아주 죽어라 죽어라 하는 구만.' 그래도 어찌어찌 해내고 수습해 내야 나의 안전지대가 늘어난다. 내가 놀 수 있는 세상의 지평이 늘어나는 거다.

항상 느끼는 거지만 문제는 '사건' 자체가 아니라 나의 '해석'이다. 나의 부정적 패러다임이 내 삶을 좀먹고 망가뜨리고 있는 거다. 첫 번째 화살은 누구라도 맞을 수 있다. 2차, 3차 화살을 나의 아이와 가족에게 쏘는 건 다름 아닌 나다. 나만 바뀌면 된다. 나의 시선을 바꾸고 사건 해석의 방향을 바꾸고 뒤엎기만 하면 되는 거다.

느닷없이 당할 수 있다. 엎어지고 넘어질 수도 있다. 그게 인생이다. 하지만 그걸 형벌로 느끼고 넘어진 채 드러누워 있느냐, 내 깜냥과 그릇을 넓히는 '기회'로 여기고 손 탁탁 털고 흙 묻은 바지 훌훌 털고 벌떡 일어나는 '선택'을 하느냐는 오로지 나 자신에게 달려있다. 좋은 기회 또한 준비한 사람만 거머쥘 수 있는 거고.

'Chance'를 알아차리고 'Choice'로 바꿀 수 있는 용기와 행동력, 반드시 우리가 키워야 할 능력이다. 어떻게? 책으로! 실천으로! 오케이?

육아는
데미지 컨트롤

20년 넘게 아이를 키워보니 인생은, 특히 육아는 '데미지 컨트롤'이 전부다. 애도, 엄마도 손상 없이 상처 없이 지낼 수가 없다. 쓸리고, 멍들고, 찢기고, 데이고, 서로 할퀴면서 조금씩 성숙해지고 성장해 나갈 수밖에 없다. 물론 사전에 예측해서 미리 완벽하게 컨트롤할 수 있다면야 완전 땡큐겠지만, '내적불행 풀파워' '사서 상처받기의 달인'인 내가 그게 어디 가당키나 하겠냐. 지랄 터진 후에라도 얼른 정신 차리고 사과편지랑 국물 떡볶이 대령해 눈물로 사죄하며 너를 향한 내 사랑은 온전하며 진심이라는 것을 끊임없이 보여주는 수밖에…. 엄마가 던져대는 오물을 온몸으로 뒤집어쓰고도 멀쩡하게 잘 자란 하은이. 상처 없이 자란 순결한 영혼과는 차원이 다른 단단함이 뿜어져 나온다. 하지만 내면의 굳은살이 여러 겹이다. 미안하고 고마운 녀석!

친구나 학교에서 받은 상처는 절대 평생의 상흔으로 남아 아이를 망가뜨리지 않는다. 아이 곁에 엄마만 사랑으로 올바르게 서 있다면…. 누누이 얘기하지만 씻기지 않을 트라우마로 남아 아이의 평생을 괴롭히는 원흉은 누구다? 엄마인 나다. 아이를 살리는 것도 엄마고, 아이를 죽이는 것도 엄마다. 잔인하지만 진실이다. 엄마는 아이의 하늘이자 우주이자 전부다.

수많은 엄마들을 만나면 만날수록 느껴진다. 아무리 열악하고 힘든 상황 속에서 자랐어도 엄마의 처절한 방패막 안에서 보호받으며 큰 사람은 내면이 맑고 강하다. 그 반대의 경우는 낮은 자존감과 수시로 작동되는 부정적인 뇌회로로 인해 끊임없이 자신과 가족을 할퀴며 괴롭게 산다. 과거의 내가 그랬던 것처럼…. 오로지 내 손에 아이의 성품과 영혼이 달렸다는 건 잔인하지만, 희망적인 명제다. 죽을힘을 다해 사랑 주고 사과하고 무릎 꿇으면 된다. 너에 대한 사랑은 조금도 변함없고, 내 삶의 중심엔 오로지 너밖에 없다고 조석으로 얘기하면 된다. 그럼, 아이는 눈부시게 잘 큰다.

나로부터 도망치거나
내빼지 말자

불혹이 가까워져서야 알게 됐다. 애 키우며 겪어낸 모든 경험이 진짜 나의 인생을 살기 위한 '수련의 과정'이었다는 걸. '내적불행' '내면아이'와 정면으로 대면하며 처절하게 싸우던 그 시간들이 참 아팠지만, 신이 나에게 '육아'라는 포장지에 싸서 준 인생의 마지막 기회였단 걸 말이다. 멍청이같이 살다 갈 내가 너무 불쌍해서, 남 시선에 깔려 내 존재가 뭔지 생각해 보지도 않고 살다 갈 내가 너무 가여워서 주어진 운명의 시간.

내 밑바닥 내면의 쓴뿌리를 뽑아내려 오만 짓을 다 해봤기에 남에게 잘 보이고 칭찬받으려 애쓰는 지긋지긋한 본성을 떨쳐낼 수 있었고, 욕 먹으면 죽는 줄로만 알았던 내 안의 10살 아이의 두려움도 깰 수 있었다. 남에게 보이는 내 모습이 어떨지 24시간 가동되는 눈치 신경세포를 죽여버리니 내가 보였다. 꽤 괜찮은 내가….

내 존재 자체가 기적이란 걸 깨닫고 내가 나를 온전히 사랑해 주기 시작했을 때 그제서야 내 앞에 네가 보였다. 잘 보일 필요 없는 온전한 너 말이다. "넌 어떤 사람이니? 난 이런 사람이야." 그 이후로 애 키우는 얘기 뒤로 진짜 내 모습을 숨기는 가식적인 만남은 하지 않았다. 온전히 너와 나로, 썩 괜찮은 내가 되기 위해, 미친 듯이 책만 봤다. 일하고 들어와 읽고 또 읽고, 읽다 멈추고, 읽다 울었다.

날 구하러 와준 하은이 키우며 어린 선미도 함께 양육할 수 있었던 그 시간은 그야말로 천재일우의 기회였다. 기꺼이 인정하고 반성하며 열심히 살아냈다. 후진 나로부터 도망치거나 내빼지 않고, 오롯이 감당해 냈다.

인생은 불가사의고, 육아는 미스터리다. 하지만 나 자신을 있는 그대로 받아들이고 제대로 바라볼 수 있는 기회 그 자체다. 놓치지 않고 끈질기게 물고 늘어져야 기가 막힌 반전도 펼쳐진다. 애도 나도 재밌어 죽겠는 지상 낙원 말이다.

긍정 확언은
건강한 가스라이팅

　나름 열심히 사는 거 같은데 왜 계속 그저 그런 삶에 머물러 있는 건지. 평생 답답하게 살았다. 그러다 육아라는 불구덩이에서 타죽지 않으려고 마구잡이로 읽어댄 책이 답을 알려줬다.

　'시험 망치면 안 되는데…' '이번에도 안 되면 어떡하지?' '내가 달라질 수 있을까?' 나의 언어가 문제였다. 겉으로 내뱉는 말이건 머릿속 생각이건 부정어를 그대로 받아들이는 뇌의 속성을 몰랐기에, 끊임없이 미래를 걱정하고 두려워하며 나를 퇴보하게 만들고 있었던 거다.

　'나는 운이 좋다!' '아, 감사하다!' '난 무조건 잘된다!' '당연히 최고의 성과를 낸다!' 십수 년째 내가 다이어리에, 메모지에 '긍정 확언'을 써놓는 이유다. 말하는 대로 된다면, 굳이 부정적 언어를 자꾸 곱씹으며 뇌에 박아 넣을 필요가 뭐가 있겠어?

물려받은 생각과 언어가 부정적이라 바꾸기 쉽지 않다고? 뇌를 갈아엎어야지. 세뇌하고 주입해야지. 내가 하는 모든 일은 잘될 거고 성과를 낼 것이며 어려움이 닥치더라도 '극복할 힘'이 있다고 믿어야지. 믿는 게 안 된다면 무식하게 쓰고 되뇌며 뇌를 속여야 한다. 그럼 뇌는 그런 줄 안다. 이게 바로 내가 정의 내린 '건강한 가스라이팅'이다. 그리고 그로 인해 성취해 낸 수많은 업적과 업그레이드된 삶의 지평은 놀라움 그 자체다.

"나는 '선미주식회사'의 CEO다. 직원이자 구성원들인 가족, 친구들에게 최선을 다한다."

"아침에 내 앞에 차려진 수십 가지 '감정의 뷔페 접시'에서 '사랑'과 '행복'을 선택한다."

불가능해 보일 법한 벽을 맞닥뜨려도 꼬리 내리며 물러서지 않는다. 확언 먼저 냅다 던져놓고 의심 없이 돌진한다. 과정에서 겪게 되는 온갖 시련들도 다 '드루와~ 드루와~' 내 얼마든지 밟고 일어서 내 것으로 만들어 버릴 테니까!

내 아이의 거짓말에
대처하는 법

초등 이후 하은이와 나의 트러블, 다툼, 싸움의 9할은 녀석의 '거짓말'이었다. 그것도 굳이 할 필요도 없는, 진짜 별것도 아닌 걸로 날 속인다. '사실을 숨긴다' '얼렁뚱땅 덮고 넘어간다' '은근슬쩍 순간을 모면한다' '어쩔땐 대놓고 거짓을 말한다'.

와, 진짜 미치고 팔짝 뛴다. 게다가 어쩜 그리 티가 나는지 얼굴이 리트머스 시험지다. 어색하기 그지없는 연기에 왠지 다른 말투와 억양, 딱딱하고 어색한 몸놀림. 지 낳아놓은 애미가 딱 보면 그걸 몰라? 차라리 완전 범죄를 저지르고, 훗날 어미 마지막 가는 임종 직전 침대맡

에 앉아 자백을 하든가. 그러지도 못하는 주제에 잊을 만

하면 또 그러고 또 그런다. 무섭고 쫄려도 솔직하게 말하

면 들어주고 같이 머리 맞대고 풀어갈 텐데 자꾸 그러니

아주 죽을 맛이었다.

'내가 너무 녀석을 타이트하게 키웠나?'

'너무 엄격하게 대해서 그런가?'

'내가 애한테 믿을 존재가 아닌가?'

'그렇게 강조해 온 신뢰, 믿음이 우습나?'

'결국 난 육아에 실패한 건가?'

공든 탑이 와르르 무너지는 느낌이었다. 인생에서

가장 심혈을 기울인 오랜 기간의 노력이 다 부질없어지

는 허망함과 녀석에 대한 미움, 배신감에 스스로에 대한

자책이 어울렁더울렁 더해지며 내 분노의 방아쇠를 당기

고 만다.

또다시 분노 조절에 실패한 채 입에 걸레를 문 나는

"니가 나한테 어떻게 이럴 수 있쒀~?"부터 시작해서 무

엇을 상상하든 그 이상의 입에 담지 못할 쓰레기를 내뱉

으며 니 죽고 나 죽자 모노드라마를 찍는다. 그러고 나서

밤새 가슴을 쥐어뜯으며 사과편지를 쓰고 있는 나와는

달리, 잠탱이 하은이는 다시 신생아가 된 듯이 쌔근쌔근

잘도 퍼잔다. 아주 그냥 깊이 잔다. 애가 벨도 없다.

애가 사춘기 들어서면서 어아 사춘기, 청소년기 관련 양육서와 뇌과학 책들을 섭렵하다시피 봤던지라 나도 안다. 애가 거짓말을 한다는 것 자체가 아주 잘 크고 있다는 증거이며 상상력, 추상력, 자아전능감이 자리 잡고 있는 자연스러운 과정이라는 것도 하도 줄 쳐대며 읽어싸서 잘 안다. 다만 아주 호강에 겨워 교만에 절었던 내가 '내 자식은 다를 것이야, 흥!' 아주 그냥 환상 드라마를 찍고 있었던 거다. 환장할 노릇이다, 증말!

제발 나처럼 이러지들 마라. 애 원래 그런다. 거짓말하고 속이고 숨기는 게 정상이다. 애는 엄마를 너무 사랑해서 엄마를 기쁘게 하고 싶어서 그러는 거다. 엄마에게만은 잘 보이고 싶고, 완벽한 아이이고 싶거든. 자기도 안 그래야 하는 거 알아. 정확히 알고 있어. 그래도 성장 과정상 어쩔 수 없이 거쳐 가는 단계인 거다.

대놓고 티 나는, 순박하기 그지없는 네 아이의 거짓말을 대면하는 날, 부디 그냥 모른 척 넘어가 줘. 나중에 엄마의 눈물겨운 인내와 모른 척 눈 감아줌에 아이가 고마워하며 가슴 저며 할 날, 꼭 올 거다. 그리고 공든 탑은 무너지라고 있는 거다!

"네 아이의 거짓말을 대면하는 날,
부디 그냥 모른 척 넘어가 줘.
나중에 엄마의 눈물겨운 인내와
모른 척 눈 감아줌에
아이가 가슴 저며 할 날,
꼭 올 거다.
그리고 공든 탑은
무너지라고 있는 거다!"

아이 입시 준비 때
멘탈 관리법

"힘내!" "파이팅!" 금지구역이었다. 수능 준비하던 기간에는. 심지어 막판 한 달간은 "사랑해"란 말도 하면 안 됐다. 애가 부담스러워하는 게 딱 느껴졌다. '사랑하니까 뭐, 시험 잘 봐라 그런 거임?' 애 눈빛이 딱 이랬다. 하면 안 되겠구나. 조금이라도 부담 주거나 어깨를 내리누르는 말은 한 방울이라도 얹으면 절대 안 되겠구나.

그건 진즉에, 평소에, 했어야 하는 거다. "사랑해" "좋아해" "잘했어" "어쩜 이렇게 귀엽니!" 애 키우는 내내 수시로 퍼부어주고 물고 빨고 부비대야 한다. 엄마의 애정 표현은 정수리에서 홀애비 냄새 나는, 콧수염 나기 시작하는 다 큰 놈도 좋아한다. 그게 아이의 보드라운 정서와 구김살 없는 표정과 태도를 만들어준다.

하지만 막판 수능 준비로 초예민의 극치를 달릴 땐, 그 어떤 말도 조심하고 아껴야 한다. 난 그냥 입 다물고 영양 고루 갖춘 애가 좋아할 만한 음식 만들어 매 끼니 대령했다(물론 애는 외식을 천만 배쯤 좋아했다). 속이 부대끼거나 영양이 부족하면 힘아리가 없어 공부에도 영향을 끼치니까. 중요한 순간일수록 '멘탈 관리는 피지컬로' 해야 한다. 아침은 스무디 정도로 간단히 하고 점심, 저녁을 충실히 챙겨줬다. 일하는 워킹맘이니 아이 혼자일 때도 바로 챙겨 먹을 수 있도록 미리 전처리 해놓는 일, 게을리하지 않았다. 입시 막판에 모의고사 문제풀이 실전처럼 연습할 때는 도시락을 싸줬다. 학교가 아니어서 도시락 먹을 공간이 없다길래 일하는 시간 조정해 차 끌고 가서 직접 싸준 도시락 근처에서 먹여서 들여보내곤 했었다. 뭔 궁상인가 싶지만 그게 신의 한 수였다. 속이 망가지면 정신도 망가진다. 애도 그걸 알고 고마워했다.

입시 준비랍시고 뭐 대단한 걸 기대한 거라면 미안, 진짜 별거 없다. 하던 대로, 이전에 살던 대로, 그대로 했다. 갑자기 더 좋은 걸 해 먹이고, 안 하던 행동과 말을 해서 아이의 멘탈을 잡겠다? 어림도 없다. 애는 안다. 자신의 기본 역량이 어느 정도인지, 자신이 밟고 있는 삶의 터전이 얼마나 단단한지 약한지를. 그 토대를 발판 삼아 튀어오르는 거다. 자기 생애 중 최대치의 에너지와 집중력을 동원해서 말이다. 그때 필요한 건 굉장한 기대와 염원이 아닌 그저 '넌 이미 충분해, 내가 너무 사랑하는 존재야, 네 꿈을 위해 최선을 다할 수 있도록 난 그 어떤 서포트라도 해줄 테니 맘껏 달려보렴' 하는 따뜻한 눈빛이다. 재정적 지원 사격도 현실적으로 필요할 때가 분명 있다. 아이가 진정으로 원하는 건 '널 사랑해'보다 '어떤 과목 선생님 붙여줘? 말만 해'일 수 있다. 부자 엄마가 되어있어야 하는 중요한 이유다.

수능 이틀 전 늦은 밤, 녀석이 지 아빠 전화를 받고 나갔다. 15분쯤 후에 돌아온 녀석이 현관 바닥에 주저앉아 운다. "왜? 아가…" "아빠가 나한테 해줄 수 있는 게 아무것도 없다고 미안하다고 한참 안아주고 갔어. 기분이 이상해, 엄마. 꺼이꺼이~" 나중에 들은 얘긴데 우리집 수능 금지어 다 말하고 갔단다. "하은아, 사랑해. 넌 잘해낼 거야. 파이팅!" 아~놔~ 한참 달래주고 감정 추스르게 하느라 진땀 뺐다. 그날 달랑달랑 손에 들고 들어온 수제 마카롱은 내가 다 먹었다. 맛있더라. 흐흐~

우울감, 무력감에
시름시름 앓고 있다면

'아주 그냥 이것들이 호강에 겨워 요강에 똥을 싸고 있구만! 애 키우는 엄마가 바빠 죽겠는데 우울증 걸릴 새가 있어?'

라고 생각했었다. 인생에 제대로 크게 한방 처맞기 전까지는…. 차라리 덤프트럭에 깔려 죽는 게 낫지 정신을 차릴 수가 없었다. 이리 뛰고 저리 뛰며 당면한 문제들을 쳐내느라 슬퍼할 시간도 없었다. 그렇게 혼이 빠진 채 바쁘게 1년이라는 시간이 흘러갔고 제대로 일상에 복귀했다 생각했는데 아니었다. 착각이었다. 간헐적으로 찾아오는 무력감과 우울감에 일상이 수시로 흔들렸다. 하넌 대로 아침마다 '감사합니다'를 오백 번씩 뇌까리고 절 체조와 스쿼트를 해도… 아니 해지지가 않았다. 감사는 개뿔 다 집어치우고만 싶었다. 이렇게 의욕이 없을 수가 있나? 나 예전에 어떻게 살았지? 뭐 하고 지냈지? 기억이 안 났다. 아무것도 손에 잡히지 않았다. 끝을 알 수 없는 내리막을 수시로 맞닥뜨렸다.

안 되겠다, 가자! 큰일 당했을 때 당장 가라고 난리 난리 쳤던 친한 동생이 소개해 준 정신의학과를 울면서 내 발로 찾아갔다. 상담을 받고 약을 처방받았다. 항우울 제가 포함된 치료제를 아침저녁으로 먹었다. 한결 괜찮 았다. 의사 선생님은 나는 아픈 사람이라는 걸 인지하고 받아들이는 것으로 치료가 시작된다고 하셨다.

잠시 무너진 일상을 원상 복구하고, 간신히 끌고 나 가던 루틴을 단단하게 채웠다. 기력이 생기니 미뤄뒀던 일들도 빠르게 해치울 수 있었다. 그러고 나니 끊임없이 나를 돕고 걱정하고 함께 힘들어해 줬던 친구들과 지인 들이 보이기 시작했다. 이제는 그들과 함께 더 많은 시간 을 보내며 살아가고 있다.

나는 아무것도 모르는 거였다. 내가 직접 겪어보기 전까지는. 감히 상상할 수조차 없는 그녀들의 상처와 아 픔을…. 그녀들은 절대 게으르고 나태한 게 아니었다. 아

무것도 할 수 없는, 손가락 하나 까딱할 수 없는 깊은 무
력감이 덮쳐올 때의 고통이 얼마나 무서운지를 이젠 안
다. 살려고 한 전화 한 통이었고, 글 한 줄이었다는 걸 이
젠 안다. 그녀들에게 힘내라는 말, 파이팅하라는 말 절대
안 한다.

　"너 지금 어디야? 언니가 갈게. 기다려. 언니 가는
병원 알려줄까? 같이 가자." 그녀들의 아픔 곁에 같이 눕
는다. "괜찮아. 넌 이미 충분해. 아무것도 안 해도 돼. 높
은 데 올라가지 말고, 베란다 나가지 마. 그리고 그냥 막
살고 있어. 언니가 지켜줄게." 꺽꺽대며 운다. 됐다. 얘 이
제 살겠다.

　나의 아픔이 누군가의 희망이 되는 일, 매일매일이
신비롭다.

생각하는 사람이 아닌
행동하는 사람

감정에 휩싸여 괴로워하며 머리 쥐어뜯는 나년은 이제 없다. 그렇게 살 만치 살았다. 지긋지긋하다. 이젠 됐다. 그저 무던히 오늘을 열심히 살아낸다. 어쩔까 저쩔까 생각하기 시작했다간 아무것도 못 하고 골로 가기 십상이다. '되면 한다'가 아니라 '하면 된다'. 작년에 돌아가신 울 아부지 가훈은 여전히 유효하다.

매일 똑같은 하루를 나만의 특별한 하루로 만들기 위해 변기, 현관, 싱크대, 베란다 닦으며 "감사합니다" "감사합니다" 500번 반복한다. 생각을 배제한 채 말하고 행동한다. 눈이 안 떠질 정도로 피곤한 아침에도 속으로 욕하면서 '그냥' 한다. 진심? 그딴 거 없다. 그런 날도 진심으로 감사가 나오면 그게 사람이냐? AI지. 욕하면서 씨부렁거리면서 한다. 뇌를 속여야 하니까. 무서운 건, 그게 버릇이 되고 습관이 돼버리면 삶이란 놈이 결국 변하고 만다는 거다.

이제 난 속 시끄럽거나 불안이 올라와 어떤 결정을 내려야 할지 모르겠을 땐 일단 눈에 뵈는 곳 청소부터 시작한다. 예전 같으면 머리 싸매고 엎어져 어떡하지 오만 번쯤 뇌까리다 하루 날렸을 나다. 생각의 회로를 그냥 탁 꺼버리고 몸을 움직인다. 될 대로 되라지. 근데 그러다 보면 생각지도 못한 아이디어가 떠오른다. 워~매~!

하은이 입시 공부할 때 방석 깔고 절체조 매일 했던 것도 체력 단련보다 멘탈 다스리고 공부머리 활성화하는 게 주목적이었다. 땀 뻘뻘 흘리며 100회가 넘어갈 땐 너무 힘들어서 아무 생각도 안 난댔다. 그냥 하는 거다. 김연아가 그랬던 것처럼….

'생각해 볼게요' '상의해 볼게요' 안 하겠다는 거다. 에라이 모르겠다~ 일단 냅다 달리면서 생각하는 게 낫다. 그래야 삶이 변한다. 안전지대를 벗어나 내 삶의 스펙트럼을 넓히다 보면 허파에 바람도 들고 간땡이도 붓는다. 난 뭐든지 할 수 있는, 해내는 사람이 되는 거다!

기대는 여자가 아니라
기대되는 여자가 돼버려

그래, 맞아, 기대서 투덜댔던 거였다. 기대서 불평이 터졌던 거고. 다 커서도 남편에, 부모에, 조직에, 사회에, 국가에 기대고 바라고 어떻게 좀 해주길 원하는 맘이 깔려 있어서 짜증과 원망, 비교와 좌절, 온갖 부정적인 생각들로 내 삶을 채웠던 거더라고. 선수로 뛰질 않고 매 순간 관중석에 앉아있으니 주절주절 비판, 평가질이 멈추질 않지. 남의 삶이 아닌 내 삶인데….

'기대는 여자가 아닌 기대되는 여자가 돼버리자.'

책 읽던 어느 날 전광석화 같은 깨달음이 뇌리에 꽂혔다. 가슴이 저릿하고 두 주먹이 불끈 쥐어졌다. 엄마인 나에게 모든 걸 기대고 의지하던 아가 하은이는 이제 없다. 스스로 실수하고 실패, 좌절, 번뇌, 시도, 성공, 온갖 경험을 겪으며 이젠 너무도 단단한, 어미인 나보다 훨씬 강한 인간상으로 우뚝 서 나가는 아이의 모습을 매일 본다. 그 자그맣던 아가는 더 이상 나에게 기대지 않기에 불평도 없다. 투덜거리는 일도 거의 없다. 스스로 선택하고 책임진다. 난 여전히 녀석의 멘탈이 이 세상에서 제일 부럽다.

청년 하은이를 본받아 억지로라도 스스로 선택하고, 온전히 책임지며 살아간다. 물론 여전히 실수하고 깨지고 넘어져서 도가니에 인공관절 박아 넣을 판이지만, 뭐든 익숙해지면 쉬워지는 법. 매사가 만만해지고 있다. 조만간 공중부양될 지경!

누군가 나에게 완전히 기대고, 기대하는 사랑을 누리는 '육아'라는 시간, 그 시간을 부여받는다는 건 진정 행운이다. 그 온전한 '사랑받음' '기대받음'의 경험은 이 세상 그 어떤 것도 뚫어낼 수 있는 용기를 삶에 장착하는 기회다. '내 뒤에 하은이 있거든. 걔는 나 아니면 안 되거든. 다 덤벼!'

'기대는' 여자가 되지 말고, '기대되는' 여자로 살자. 나아가 '기대고 싶은' 여자가 돼버려. 아싸리하게!

몰입
내공

뭐든 '책'으로
시작하고 몰입하기

하은이 인생의 거의 모든 성장은 책으로부터 시작됐다. 한글 떼기도, 친구 관계도, 밥상머리 예절도 책으로 배웠고, 책을 통해 세상을 알아갔다. 세계 여러 나라에 대한 호기심도 세계전래동화로 채워나갔고, '가공식품·과자·음료수 먹지 마라' 잔소리할 시간에 관련 책 읽어주며 스스로 깨닫게 했다.

책과 함께 커온 하은이는 말로 가르칠 게 별로 없었다. 말로 떠벌여봤자 듣기 싫은 잔소리만 나오는 거 뻔한 바, 입 닥치고 책만 샀다. 책이 '선생님'이고 '나침반'이고 '멘토'이고 '롤모델'이었다. 책으로는 도저히 안 될 것 같은 예체능, 영어, 컴퓨터, 악기 등도 얼마든지 책으로 몰입하고 뚫어내는 게 가능하다는 걸 육아하는 내내 두 눈으로 목격했다.

책에 깊이 빠져들고 세상사를 알아갈수록 애도 나도 더 깊어지는 몰입과 가지를 뻗어 나가는 호기심을 마주하고 확인했다. '책 → 깨달음 → 실행 → 책 → 도전 → 성장'을 꾸준히 반복하며 뫼비우스의 띠와도 같은 끊임없는 선순환이 이뤄졌다. 그러니 사는 게 흥미롭고 신나고 재밌을 수밖에! 진정한 성장은 몰입으로부터 시작된다. 몰입이 깨달음과 변화를 이뤄내는 필요조건이기에, 몰입하지 않고 무언가를 이뤄내거나 한 단계 도약하기란 절대 불가능하다. 가장 고차원적 몰입을 하게 해주는 매개체가 바로 '책'인 거고.

지 앞가림 알아서 하는 지금의 하은이를 만든 게 어린 시절의 미친 몰입과 독서의 힘이었다는 걸 시간이 지날수록 뼈저리게 느끼게 된다. 새벽 2시를 넘어가도록 무한 반복되는 "움마, 읽어줘!" 그 절절한 아이의 눈빛을 묵살하지 않고, 목 아프고 졸려도 읽고 또 읽어줬던 시간들이 없었다면 지금의 하은이도 나도 절대 없다. 내 아이만큼은 원하는 목표를 반드시 이뤄내길 원한다면, 몰입만이 답이다.

육아는
성장과 몰입의 시간

사람이 크게 성장할 때는, 현재의 삶에서 조금 다른 변화를 겪어낼 때가 아니라 내 능력과 경험치를 훨씬 뛰어넘는 기회와 책임을 맡고 해낼 때다. 부담되고 떨리고 두렵고 내가 뭔 부귀영화를 누리겠다고 이 고생을 사서 하고 있나 싶어 탁 놓고 도망치고 싶을 때, 원래의 그냥저냥한 삶에 안주해 버리고 싶을 때, 그때 안 토끼고 '대가리 처박고 돌진!' '못 먹어도 고!' 하며 들이받고 성취해 낼 때 이루어진다는 말이다.

나 역시 겁나고 쫄리는 거 매한가지였지만 그냥 들이받았다. 무서워도 겁나도 '난 엄마니까' '애 키운 엄마가 뭘 못하겠어?' 그 맘 하나였다. 근데 세상에 정통으로 통했고, 제대로 먹혔다. 나만큼 미친 듯이 달려들고 무식하게 들이대는 인간, 별로 없더구만. 단연 튀고 돋보였다. '와, 이 사람 뭘 하다 왔길래 이래 용감하고 적극적이지? 뭘 맡겨도 다 해내잖아!' 여기저기서 불러댄다. 당신과 함께 일하고 싶다고. 우리 팀에 와달라고. 크하하하~!

장담컨대 내가 한 건 애 열심히 키운 거밖에 없었다. 돌이켜보니 완벽한 몰입의 시간이었기에 가능했다. 애랑 나랑 둘이 서로에게 무섭게 집중할 시간, 그때 말고 또 언제 오겠는가. 세상에 나가보면 안다. 얼마나 내 삶을 치고 들어오고, 방해하는 장애물이 많은지를. 정신 살짝 놓으면 일상 무너지는 일, 순식간이다.

한 인간에게 몰입해 그 천둥벌거숭이 아가를 올곧은 성인으로 길러내는 일, 너무나 위대하고 엄청난 성취의 경험이다. 세상은 반드시 알아준다. 그 누가 다스릴 수도, 조종할 수도 없는 똘끼 충만한 새로운 세상의 리더로 우뚝 설 아이를 키워내는 일이다. 인생의 한 시절을 뚝 떼어 올인해도 전혀 아깝지 않은 숭고한 일이다.

쥐똥만 한 집중력을
유지하고 확장하는 법

'단순하게 산다'는 건 '아날로그로 산다'는 거다. 더 기능적이고 편리한 삶을 구현해 주는 물건들로 집안을 채우는 게 아니라, 조금 불편하고 번거롭더라도 몸을 움직여 내 시공간을 취향에 맞게 세팅해 나가는 거다. 그래야 그 안에서 무언가에 집중하고 몰두하는 훈련을 할 수 있다.

내 쥐똥만 한 집중력을 지키고 나의 소중한 몰입의 시간을 조금이라도 늘리려면 어쩔 수 없다. 그렇게 살아야 그 몰입의 힘으로 책 읽고, 일도 하고, 성과도 내고, 후딱 끝내고 후련하게 놀 수 있으니깐.

원시적이고 아날로그적 시간 속에 차곡차곡 축적해 놓은 스킬과 응용력, 즉 '생활의 짬'으로 살림이든, 육아든, 독서든, 글쓰기든, 강연이든 그 무엇이든 빠르고 깊게 몰입하고 성과 역시 확실하게 낸다. 하은이 또한 몸놀이, 종이책 독서, 스마트폰 없는 멍때림의 시간이 월등히 길어서 어떤 일에 도전하든 빠르게 집중해 해치우고 퍼포먼스 또한 확실하다.

　　아날로그로 살아온 긴 시간 동안에 연결에 연결을 거듭한 시냅스들, 끊임없이 자극되고 확장됐을 전전두엽, 마치 무한동력과도 같은 신체력, 문학·비문학 가리지 않는 양적 독서로 단련된 멘탈 파워 덕분이다.

　　심플하게 산다는 건, 복잡 다난하기 그지없고 한없이 꼬일 대로 꼬여만 가는 지랄 맞은 현실에서 디지털 미디어라는 가상 공간으로 도피하지 않고, 성큼성큼 해결해 나가면서 시련 이전엔 몰랐던 지혜와 내공을 탑재해 나가는 과정 그 자체다. 일하다 보면 중요한 미션을 부여받을 때가 난데없이 온다. 이때 빠르게 집중해 성과를 내려면 평상시에 단련된 집중력 없인 절대 불가능하다. 위기가 될 것인지, 기회가 될 것인지는 오직 내 '몰입 내공'에 달렸다.

아이에게서 스마트폰을 뺏어야 하는 이유

무조건 뺏어. 얄짤 없어. 사줄 수밖에 없었던 결정적 이유? 누가 몰라. '친구관계' '학교공지' '안전 문제' '안쓰러움' '없는 애 우리 애밖에 없어요' 등등.

하지만 절대 사주지 말아야 하는 이유는 딱 한 가지다. '애 망가져!' 책 안 읽게 되는 건 고사하고 정신도, 마음도 무너져. 무엇보다 '뇌'가 망가진다. 특히 공부뇌, 학습뇌! 고등사고를 담당하는 전전두엽이 녹아버린다. 시냅스고 나발이고 기존 연결도 죄다 끊어져 버린다고. 집중하고 생각해서 골몰하고 몰두해야 하는 작업을 못 하게 된다고. 하고 싶어도 못 하게 돼. 머리 싸매고 허벅지

찌르며 공부하려고 해도 머리가 안 돌아가서 성과가 안 나온다고! 그래도 사주고 싶어? 무섭지 않아? 진짜 제대로 공부해야 할 때, 시험 준비해서 통과해야 할 때, 자신의 길을 찾고 뚫어내는 과정에 필요한 라이센스를 취득해야 할 때, 제대로 기량을 발휘하기는커녕 속절없이 떨어지고 심지어 도전하기도 전에 미리 포기해 버릴 수 있다고. 생각만 해도 끔찍하다.

카톡, 인스타에 시간, 영혼 팔리는 건 말할 것도 없고, 특히나 스마트폰으로 접하는 숏폼들, 틱톡, 쇼츠, 릴스 등의 극도로 짧은 몇 초짜리 영상에 중독돼서 주의집중력 와장창 무너져 버리는 건 말할 것도 없거니와 일상의 모든 것들이 다 시시해져 버려. 몸으로 노는 것도, 뻘짓 하고 멍때리는 것도, 다 시시해. 다 재미없어. 흥!

한창 호작질과 독서에 빠져 몰입하고 성숙해 나가야 할 어린 나이에 이게 말이 되냐고. 그런 아이들이 책을 집어 들어 깊이 빠져 읽고 다른 책으로 확장하고 공상하고 상상의 나래를 펼치는 일, 하겠냐고. 휙휙 지나기는 쪼그만 화면 자꾸 보고 싶어 안달이 났는데…. 슬롯머신 땡기고 앉았는 거랑 뭐가 달라. 마약이지. '디지털 마약'. 한번 접하고 중독돼 버리면 절대 끊을 수 없는 '도파민 중독'.

그런데 세상을 변화시키는 리더들은 죄다 수없이 반복한 물리적 장난질과 뻘짓, 독서를 통해 자신의 뇌와 정신을 단련하며 성장했다. 모르는 게 있으면 책을 찾아 뒤적거리고 공부를 해 앎을 늘려나간다. 그리고 그 성취감과 쾌감에 중독돼 현실을 리얼하게 즐기며 탐험한다. 디지털로부터 뒤처지는 게 정작 앞서나가는 거라는 걸 아는 거다.

　　안 사줘도 싸우고, 사줘도 싸운다. 안 사주면 전쟁이지만, 사주면 지옥이야. 헬! 참혹 그 자체! 거기에 좋은 공부머리는 영원히 빠이빠이! 가상공간을 하염없이 헤매고 다니는 영혼 없는 아이가 아니라『총 균 쇠』『코스모스』『사피엔스』『그리스인 조르바』『해리포터』(영문판)『반지의 제왕』(영문판) 등 혼자서도 서 있는 짱 두꺼운 책들을 코 파먹으면서 읽어버리는 애들로 맨들어야지! 뺏어라. 당장 뺏어서 대리석 식탁 모서리에 빡! 오케이?

　　(스마트폰 언제 사줄 거냐고 맨날 징징대던 하은이. 대학 가면 사주겠다고 천만 번 대답했더니 2년이나 일찍 들어가 버림. 대학 1학년 5월에 사줌.)

"슬롯머신 땡기고 앉았는 거랑
뭐가 달라. 마약이지. '디지털 마약'.
한 번 접하고 중독돼 버리면
절대 끊을 수 없는 '도파민 중독'.
뺏어라. 당장 뺏어서
대리석 식탁 모서리에 빡! 오케이?"

실컷 놀아야
깊이 몰입한다

아이들은 놀아야 몰입한다. 20년 임상실험 마친 연구 결과다. '이 정도 놀면 됐지, 뭐'의 딱 5배, 아니 10배, 무엇을 상상하든 그 이상 놀려야 한다. "이제 많이 놀았으니 책 좀 보고, 숙제 좀 미리미리 해놓으시게" 했다간 그간의 허용과 배려마저 말짱 도루묵 된다. 지가 놀다 놀다 토할 정도가 돼야 알아서 자기 할 것 챙긴다.

하은이의 어린시절 하루는 거의 이런 식이었다. 왠종일 그림 그리고, 종이 접고, 박람회 구경 가서 놀고, 캠핑 가서 또 놀고, 집에 돌아와 신문 좀 보다가, 갑자기 집안 가계도를 그렸다가, 공기놀이 했다가, 내가 마늘이라도 깔라치면 후다닥 달려와 자기도 같이 하겠단다.

그렇게 실컷 놀고 난 후의 녀석의 몰입도는 말로 표현할 수 없을 정도로 깊다. 수동적인 학원 수업으로는 결코 체득할 수 없는 능력이다. 짧은 시간의 독서나 사색도 하은이에겐 엄청난 몰입과 숙고, 기억과 통합의 시간이 된다. 누가 시키지 않아도 자기 스스로 그날 본 것들을 책에서 찾아 읽으며 호기심 채우고, 그날 배운 것 그때그때 정리해 학교 수업시간까지도 온전히 자기 것으로 만들 줄 아는 힘이 생긴다.

'냅둔다'의 의미를 실상에서 제대로 실행해 본 어미는 안다. 결코 쉽지 않다. 엄청난 내공과 육아관에 대한 강력한 확신 없이는 절대 20년이 넘는 오랜 기간 이어갈 수 없다. 방치가 아닌 '따뜻한 지켜봄', 방임이 아닌 '티나지 않는 살핌' 속에 아이의 몰입력은 놀랍도록 깊어지고 확장된다. 노는 사이사이, 어느 순간 이루어지는 몰입의 현장을 숨죽이며 지켜보는 엄마는 알게 된다. '이거구나! 이것밖에 없구나!'

무한대의 허용과 자유로움이 선행돼야만 스스로의 몰입도 가능하다는 걸 내 몸 움직여 직접 경험해 봐야 체득된다. 확신이 온몸에 스며들고 나면, 게임 끝이다. 그다음은 귀 닫고, 눈 감고, 내 아이만 보면 된다.

'통시간' 몰입의
엄청난 효과

학원이나 학습지 등 사교육 하지 말고, 집 안팎에서의 '통시간'을 확보하라고 하는 가장 큰 이유? 바로 아이의 몰입을 똑똑 끊어먹지 않기 위함이다. 몰입은 '연속성'이 중요하다. 풀리지 않는 킬러 문제, 몇 날 며칠이고 어떻게 풀어낼지 고민하다가 마침내 스스로 풀어낼 때의 쾌감! 바로 긴 시간이 담보된 몰입이다. 안 풀릴 때 바로 답지 보거나, 학원 설명 듣고 풀어낼 때와는 차원이 다른 실력과 아이디어, 문제 해결력이 장착된다.

'끊기지 않는 통시간 + 차고 넘치는 책'.

깊은 몰입을 위해 어릴 때부터 갖춰야 할 두 가지

환경이다. 시간에 구애받지 않고 그냥 놀다 읽다 놀다 읽다 보면 자연스레 오는 책의 바다. 그 일주일, 한 달의 기간 동안 아이의 몰입은 그 깊이와 시간이 달라지고, 온갖 분야로 넓고 깊게 쭉 파고 들어간다. 아이는 그 시기에 '조금 자란다'가 아닌 '차원이 다른 삶'을 살게 된다.

사교육을 받지 않으면 여유로운 시간 속에 책도 충분히 읽고, 어떤 놀이든 시간에 구애받지 않고 맘껏 해볼 수 있다. 뭔가에 아이가 한창 빠져 있을 때 그 흐름을 끊는 것처럼 안 좋은 게 없는데, 엄마들은 뭘 시켜보겠다고, 어딘가 수업을 데려가 보겠다고, 아이의 몰입을, 관심을, 집중을 단칼에 싹둑 끊어내는 오류를 범한다.

세상에 스마트폰 말고 물리적으로 즐길 게 얼마나 많냐? 축구, 농구, 댄스, 큐브, 자전거, 바둑, 체스, 종이접기, 요리, 줄넘기, 곤충 키우기, 기타, 피아노, 드럼, 가야금, 수영, 피겨, 인라인 스케이트…. 미디어 차단하고 아이가 집중하고 빠져들 수 있는 시간만 충분하다면, 놀면서 몰입하고 공부머리, 일머리까지 좋아지게 할 아이템은 널리고 널렸다. 깊은 몰입을 경험하며 자란 아이는 훗날 불타는 집단의 일원이 되어 한계 이상의 성과를 내며 세상을 놀라게 한다. 그 반대의 아이는 제 나이에 맞는 과제 해결조차 어렵다. 이 차이는 '통시간 몰입'의 경험 유무이다.

재능을 이기는
연습과 몰입

　　놀랍게도 하은이는 빨리 놀고 빨리 춤추고 싶어서 대학도 빨리 갔다. 연대 입학하자마자 OT 첫날부터 댄스 동아리 정보 캐묻고, 교내에서 제일 유명한 댄스 동아리 모집공고 올라오자마자 지원해서 합격! 결국 대학생활하는 동안 추고 싶은 춤 원 없이 추면서 공연 열심히 하고, 언니·오빠들이랑 같이 즐기며 교류하며 신나게 보내고 있다.

　　하은이 춤추는 거 보고 있으면 입이 떡 벌어진다. 즐기면서 추니까 그냥 다 쉬워 보이는데, 목 꺾이고 팔 뒤로 확 꺾이는 것 봐봐. 인간이 아니다. 따라해 봤거든? 관절염 도져. 고난이도 동작까지 쉽게 툭툭, 신나게 춰대는 저 모습 뒤편에 얼마나 수없이 반복하고 연습했을지…. 그런 시간들이 축적돼서 이제는 눈으로 몇 번만 동작을 훑어도 완전히 자기 것으로 소화해 낸다.

그러고 보니 하은이의 삶 자체가 '연습'이고 '몰입'이다. 안 되면 될 때까지! 몸이 저절로 반응할 때까지! 그런데 또 하은이가 말하길, 동아리에서 자기 춤 실력이 상위권인데, 연습도 제일 많이 한단다. 안무를 따거나 구성을 만드는 미션이 있을 때도 제일 열심히 고민하고 완료해서 가져간다. 몇 날 며칠이고 그 과제에만 몰입해 풀릴 때까지 해내는 근성, 끈기, 태도가 이미 장착돼 버린 거다.

결국 잘하는 사람이 더 열심히 하고, 세상은 그들만의 리그다. 어떤 분야가 됐든 노력하고 몰입해 성취해 내는 사람들만의 리그! 사실 하은이가 지금처럼 뭐든 다 잘해내는 아이는 절대 아니었다. 타고난 재능 자체가 특출난 건 더더욱 아니었고. 하지만 엄마의 칭찬과 감탄에 고무된 녀석의 멘탈과 감성, 끈기와 몰입이 결국 뭐든 다 해내고야 마는 맨파워를 만든 거다.

아이가 몰입해 뭔가를 이루고자 할 때, 엄마는 연기자 역할만 하면 된다. 칭찬하고 환호하는 최고의 박수 부대! "꺅~ 어쩜, 세상에, 너무 멋져!"

몰입의 시작은
'의지'보다 '루틴'

열심히 책 읽고 성장하며 산다고 살았는데 한 것도 없이 나이만 먹어간다는 생각, 수시로 든다. 뭐 했다고, 뭣을 했다고 한 달, 1년이 후딱 지나가 버리는 거냐. 얼척 없기 그지없다. 골 때리는 수준을 넘어 평행우주 어딘가를 헤매다가 '원위치'되는 것 같은 요상한 기분마저 든다. 한 달이 뭐야, 며칠만 정신 놓치고 살아도 후진 과거로 빽! 되돌아간다. 진짜 내가 이렇게까지 못난 인간이었나, 그동안 난 뭐 한 건가 싶다.

그럴 때마다 두 손 놓고 널브러지거나 무너지지 않을 수 있었던 비결, 뭐였을 것 같아? 위기의 순간마다 쓰러지지 않고 성취와 성장을 이끌어내며 예까지 도달해 있을 수 있었던 원동력 말이다. 나의 강인한 정신력과 의지 덕분이었을 것 같니? 쳇, 의지는 개뿔! 오로지 '환경' 덕이었다. 매일매일의 루틴을 실행할 수밖에 없는 강제적인 환경!

일어나자마자 스트레칭, 침대 정리, 스쿼트, '감사합니다' 500번, 영양제 먹기, 다이어리 정리, 싱크대 그릇 정리, 책 읽기 등 가벼운 행동들을 좌라락 나열해 놓은 새벽 시간과 '컴백홈' 하자마자 가방 속 물건 다 꺼내 정리하기, 밀대 청소, 창문 열고 환기하기, 아픈 뿌미(고양이) 케어 등은 나에겐 기계적인 행동이다. 안 하면 영 찝찝해서 돌아버리는 오토매틱 시스템.

'루틴 = 습관화된 시스템'.

루틴을 확고히 구축하는 게 왜 어렵냐 하면 진짜 하기 싫거든. 며칠은 해도 꾸준히 매주, 매달, 매년 꾸준히 하는 건 불가능에 가깝다. 육아랑 징그럽게 똑같다. 내 뇌를 피둥피둥 살찌워 줄 명저는 진입장벽 높아 영 안 읽히고, 청소는 해도 티도 안 나고, 명상은 가부좌를 더블 8자로 틀고 단전에 힘주고 복식호흡 하면 뭐해? 맑디맑은 정신으로 이따 뭐 먹을지만 생각나는데…. 누가 좀 나 대신 해줬으면 좋겠는 종합선물세트! 그게 바로 루틴인 거다.

너무 하기 싫고 티도 안 나지만 반드시 해야 내 삶이 풍요로워지는 지긋지긋한 짓거리들. 으으으~.

    참고로 요즘의 나는 일상의 루틴을 고무줄처럼 당겼다 늘리는 경지에 이르렀다. 파티나 모임 등으로 디비지게 놀 쾌가 생기면 며칠 전부터 더 '빡시게' 책 읽고 일해놓고 집안을 정리한다. 진짜 신나게 논 다음 날 숙취와 흥의 여파로 뻗어있을 게 뻔하거든. 결국 내가 루틴에 목숨을 거는 이유는 하나다. 좋은 사람들과 더 짜릿하게, 더 몰입해 인생을 즐기기 위해서! 캬~!

하은맘표
몰입의 4단계

내가 결국 육아와 일 두 마리 토끼를 다 잡을 수 있었던 비결은 시기별로 딱 한 가지에만 '올인'했기 때문이다. 새댁일 땐 살림만, 애 키울 땐 육아만, 일 시작하고는 일만 했다. 멀티플레이? 그딴 거 개나 줬다. 효율 완전 떨어진다. 이도 저도 안 된다. 그야말로 '원씽(One Thing)'.

다른 부분이 좀 삐거덕거리고 구멍 숭숭 나더라도 내가 지금 꼭 해야 하는 일에 '몰빵'했다. 결국 그 한 가지를 집중해서 잘 해내고 나면, 그때 생긴 내공으로 다른 분야로 옮겨갔을 때 훨씬 빠르게 성취하고, 또 다른 분야를 섭렵하게 된다. 결국 '몰입의 힘'이다. 뚫어낼 듯 들이파고 장악해 나만의 것으로 만드는 깊은 집중, 어떻게 끌어 냈냐고? 내가 정리한 몰입의 4단계다.

1단계 '환경 조성'. 공간과 시간을 비운다. 방해되는 물건과 기기들을 치우는 건 기본이다. 손 닿는 곳에 스마트폰이 있거나 보이는 곳에 TV나 영상이 켜져 있으면 안 된다. 다이어트를 결심하는 순간 냉장고와 수납장에 있는 가공식품과 간식거리를 죄다 갖다 버리는 게 우선이듯이. 난 지나가는 개는 믿어도 내 '의지'는 절대 안 믿는다.

2단계 '루틴 시스템화'. 꼭 해야만 하는 루틴들은 시스템화해 버린다. 눈 감고도 할 수 있게! 아침에 눈 뜨자마자 스트레칭하고 침대 정리하고 커피를 내리며 책을 펼쳐 두세 장 읽는 일련의 활동들은 생각 없이 주르륵 이어져야 한다. 내가 꼭 해야만 하는 일을 최적의 몸과 정신 상태에서 집중해 들어가야 하기 때문이다. 시스템화의 이점은 에너지가 거의 들지 않는다. 안 할 이유가 없다.

3단계 '몰입 시간 늘리기'. 몰입 중에는 그렇지 않은 시간에 비해 수십, 수백 배의 성과를 낼 수 있다. 그렇기에 조금이라도 더 늘리려고 발악해야 한다. 몇 장이라도 더 읽자, 한 명에게라도 더 전화하자, 반찬 몇 개라도 더 만들어놓자! 제대로 된 결과물이 나오는 건 물론이거니

와 능력치가 올라가고 내공이 깊어진다.

4단계 '결과 내기'. 내가 성공 가도를 달리게 만들어 준 나의 인생 단어, '완결!' 뭘 하든 완벽하게 끝맺음하는 거다. 열심히 살았음에도 뭘 이루지 못했던 이전의 내 삶은 '미완'이었다는 걸 어느 순간 깨달았다. 시작한 일은 무조건 완벽하게 끝내는 걸 인생 제1원칙으로 삼은 후 모든 게 드라마틱하게 달라졌다.

몰입의 경지에 이르면
세상이 쉬워진다

'메이웨더(Floyd Mayweather)'라고 지금은 은퇴한 전설적인 권투선수가 있다. 사상 최초로 '5체급'을 제패한 데다가 50승 0무 0패의 '무패 연승' 커리어를 달성한 그야말로 미친 인간이다. 경기 때마다 보여주는 자신감과 쇼맨십, 그리고 화려한 마이크웍은 가히 세계 최고다. 그에 걸맞게 매번 경기를 승리로 이끄는 모습을 보는 건 황홀 그 자체다.

그의 행보와 삶을 통해 내가 받는 감동은 보이지 않는 곳에서 그가 해온 엄청난 '연습과 훈련' 그리고 링 위에서 결과를 이끌어내는 '몰입과 끈기'다. 그런 기록적인 퍼포먼스를 내기 위해 그가 하루하루의 삶을 얼마나 치열하게 살았을지는 상상조차 되지 않는다.

그에 비하면 벼룩의 간도 안 되는 삶을 살고 있는 나에게조차 "뭘 그리 열심히 사냐"며 의아해한다. 모르는 소리다. 미친 듯이 몰입하며 살아본 사람들은 안다. 불편과 고통의 시간을 거쳐 도달한 '최고의 나'로 존재하는 그 순간의 짜릿함을! 그로 인해 세상이 쉬워지는 우주의 원리를! 그 순간을 한 번이라도 더 느끼고 더 수준 높은 삶에 도달하고 싶어서 내 멱살 내가 틀어잡고, 내 머리채 내가 끄잡아 올리며 매일의 나를 단련한다.

이 모든 게 아이를 힘겹게 낳고 기르던 육아 기간을 통해 얻어진 경험치다. 삶의 그 어떤 순간보다 몰입하고 몰두했던 고립의 시간. 나의 부족함을 인지하고 어떻게 하면 아이를 잘 키울 수 있을지 고민하던 불면의 밤들. 살려고 들이팠던 책들 덕분에 남들과 조금은 다른 삶을 살아가고 있다. 아이가 보여준 경이로운 몰입의 순간들과 그로 인한 놀라운 성장을 목격하면서 나 또한 끊임없는 성장을 추구하며 살 수 있었다. 몸과 마음의 근육이 찢어지는 근육통에 자주 시달리지만, 멈출 수가 없다. 상쾌한 통증인 걸 아니까.

인생
내공

골프도, 육아도, 인생도
처참한 훈련이다

주변의 압박과 종용에 시달리다가 결국 골프 연습을 시작했다. 비장한 결심이 작심삼일이 될 게 뻔한바, 수십 회차 레슨을 한꺼번에 끊어 중간에 그만두지 못하도록 디폴트값을 정해버렸다. 물러설 곳이 없다, 이젠.

레슨해 주시는 프로님은 횟수를 거듭할수록 실력이 점점 더 줄어드는 이 중년의 여자를 이해하지 못해 계속 갸우뚱하신다. 자세를 신경 쓰면 공이 안 맞고, 공을 맞히려면 자세가 개판이 되고, 머리로 이해해도 몸이 전혀 따르질 못하니 참 희한한 운동이 아닐 수 없다. 원래 운동 신경 꽤 좋은 편이었는데, 20년 육아 끝에 '운동 신경질'

만 는 건지. 프로님 왈, 자세에 신경 쓰며 편하게 타원을 그리듯 채를 휘두르면 공이 맞을 수밖에 없다시는데….

그 순간 깨달았다. 이것은 육아다! 기본 자세 홀랑 까먹고 애 잘 키우려는 욕심에 꿀팁 찾아 빵빵 쳐때리면 애도 망가지고, 육아 신경이 늘긴커녕 '육아 신경질'만 늘어나는 현실. 똑딱이가 끝나면 하프스윙을 배워야 하고, 고거 될 만하면 풀스윙, 드라이버도 연습해야 하고, 이렇게 연습하고 필드 나가도 멤버들에게 민폐 골린이 되기 십상이다.

근데 미리 연습은커녕 애 낳은 후에서야 책 꼴랑 몇 권 읽고 잘 안된다고 애 먼저 잡았으니…. 얼굴은 땀범벅에 산발머리를 해가지고 패배감 속 터덜터덜 집으로 돌아오는 길, 큰 깨달음을 얻었다.

'육아도 골프처럼 끊임없이 연습해야 옳다!'

미리 연습 못 하고 낳아버렸으니 애를 비롯한 주변에 끼치는 민폐에 매 순간 사과하고 머리 조아리며 남몰래 연습해야 하며, 나날이 능력치 업그레이드되며 발광하는 애 새끼 감당하기 위해 새로운 기술을 연마하고 기초 기술 또한 수시로 재교육해야 한다. 골프도, 육아도, 인생도 매일이 훈련이다. 이젠 좀 됐다 싶어 연습 게을리하는 순간 벙커에 빠진다. 끊임없이 시도하고 연습하고 또 해야 옳다.

내 성취의 원동력은
불안과 두려움

내가 그랬지. 삶은 '사고치고 → 수습하고 → 배우고 → 또 사고치고 → 또 수습하고 → 또 해결해 나가고'의 반복이라고. 그러면서 '자책 → 좌절 → 미침 → 돌아버림 → 각오 → 불끈 → 깨달음'의 온갖 불편한 감정들을 느끼며 성장해 나가는 과정의 연속이라고. 뭐가 좀 살 만하고, 공부량도 좀 차고, 완벽히 준비가 돼서 다음 단계로 나아가는 게 절대 아닌 거다.

내 성취와 성장의 원동력은 단연코 '불안'과 '두려움'이었다. 다들 떨쳐버리라고 난리인 바로 그 감정 말이다. "어서 오세요, 우리 세미나 수강하면 떨쳐져요." "프로그램 이수하고 나면 불안이 사라지고 진정한 자유의 삶을 살게 됩니다." 사라지기는 개뿔, 비싼 돈 내고 깨닫고 오기 바빴다. 불안과 두려움은 평생 이고 지고 사는 감정이라는 걸. 내가 성장하는 삶을 살고자 한다면 어쩔 수 없다. 불안으로부터 벗어나려면 그냥 안전지대에만 머물러 살면 된다. 근데 그럼 성장도 성숙도 진정한 깨달음도 없다.

나는 요즘 '안전지대(Safety Zone)'가 아닌 완벽한 '공포지대(Horrible Zone)'를 깨끼발로 걸으며 살고 있다. 언뜻 여유롭고 유연해 보이지만 개빡시다. 안전지대를 찢고 뚫으며 기어코 뭔가를 성취해 낼 때의 감정이 그 어떤 쾌락과 비교할 수 없을 정도로 보람차고 뿌듯해서 멈출 수가 없어서 말이지. 어떤 일이든 엉망진창일지언정 아슬아슬하게라도 해내고 나면 와, 미쳐 사람이!

바쁘게 정신없이 돌아가는 일상이지만 매일 무언가를 처리하고 누군가와의 협업을 통해 배우며 활동 영역을 넓혀가는 중인 녀석과 나. 내 본명도 '김역경'인데 얘 닉도 '최고난'이다. 그렇게 우리 둘은 마치 '흡혈귀'처럼 세상 모든 것을 빨아들이고 흡수하느라 빡세지만 즐거운 삶을 살아가고 있다. '불안'이라는 연료와 '두려움'이라는 엔진오일을 온몸에 찌끄리면서!

엄마인 내가 가장
앞서가는 중이다

'견디게, 버티게, 토끼지 않게!'

지난 15년간 내가 매주 한 편의 글을 꾸준히 남기는 이유다. 지긋지긋하고, 구질구질하고, 형편없고, 핵멍청한 삶같이 느껴지는 하루하루를 못 견디고 애 버리고 도망가지 말라고. 어제 그제 계속하던 똑같은 그 짓 지속하게 만들려고, 니들 오금을 날라차기로 빡 쳐서 그 자리에 그대로 주저앉게 만드는 글이다.

그게 맞아. 지금 하고 있는 그거 맞다고. 애가 읽지도 않는 한글 전집 계속 들이는 게 맞고, 건들지도 않는 영어 전집 계속 사주고 실망하는 게 맞고, "한글로 틀어줘" 난리 치는 영어 DVD 계속 틀어주는 게 맞아. 먹자마자 뱉어내는 이유식, 가족들 밥상도 서툰 솜씨로 직접 차려주는 게 맞고, 눈알 희번덕거리며 거들먹거리는 사춘기 자식한테 떡볶이 대령하는 것도 맞아.

지금 딱 나만 시류 못 따라가는 낙오자 같고 뒤처지는 거 같지? 절대 아니다. 엄마인 내가 가장 앞서가는 중이다. 아이 옆에 딱 붙어 매일 똑같은 하루를 보내며 책육아 하겠다고 도끼눈 뜨고 있는 지금이 시시한 일상 같고 인생의 'stop' 같지? 인생의 진실을 알아가는 중이고, 커리어 놓고 봐도 'pause' 잠깐 멈춤일 뿐이야.

7년 경력 단절이라는 잠시 멈춤의 시간 동안 '김선미'라는 객체가 얼마나 드라마틱한 변화와 혁명의 불꽃을 지피고 있었는지, 아는 사람은 안다. '애 책육아 + 내 책육아'가 찍어낸 제품이 나다. 혁신의 발명품도 아니고 특별한 돌연변이는 더더욱 아니다. 수학 공식처럼 명확한 결과값이다.

내가 했으면 누구든 된다. 지금 걷고 있는 그 길을 벗어나지만 않으면 된다. 책이라는 '쑥'과 글쓰기라는 '마늘' 씹어먹으며 버티면 된다. 애도 키웠는데 뭔들 못해! 안 그래?

'즉각 실행, 아니면 말고'의 힘

'계획수립 작심삼일 흐지부지증.' 내 지병이다.

의도와 목적과 계획을 단숨에 묵사발로 밟아 뭉개 버리는 분야가 다름 아닌 '육아'다. 어느 순간 좀 잘되는 가 싶어 교만에 빠질라치면 여지없이 박살 나고 내면이 너덜너덜 넝마가 되어버리는 육아라는 터널. 그렇다고 어두컴컴한 터널에 갇혀서 가슴 치고만 있을 건 아니잖 아?

'촘촘한 계획'보다 훨씬 더 중요한 게 '즉각 실행'이 다. 그리고 이 세상에 '최고'의 선택이란 없다. 훗날 최고 가 될 현재의 '차선' 혹은 '차차선'의 선택만 있을 뿐! 최선이라 여겨지는 선택을 고른 후 빠르게 집중해 행동하고 돌진하다가 이게 아니다 싶으면 잽싸게 돌아가면 되는 거다. 그 과정에서 무릎팍 깨지며 얻게 되는 깨달음은 내 인생에 절대적인 도움이 되면 됐지 낭비되는 시간이 절대 아니다. 그 선택이 만약 재수 없게 '최악'의 선택이었다 해도 그 빠그라진 사태를 수습하고 극복해 내면 전투력 백만 단의 '눈빛 강력' '맷집 최강' 여전사로 거듭나게 된다.

돌이켜보면 '최고의 선택'을 찾아 헤매느라 허송세월 보낸 내 미련한 욕심이 문제였다. 잘못된 선택으로 인한 뒷감당이 싫고, 실수 극복으로 인한 시간 낭비가 아까워서였다. 절대 손해 보기 싫다는 못된 심보! 편한 삶에 주저앉아 있어봤자 얻어지는 것 하나 없는 것을…. 어느 순간부터는 이불 차기 하지 않는 날을 반성하며 잠든다. 아무것도 시도하지 않은 날은 나에겐 그다지 의미가 없기 때문이다.

'즉각 실행 + 아니면 말고 + 집중적 오류 복구.'

이 과정의 무한 반복만이 살길이다. 뒷길 없다. 지름길은 더더욱 없다. 하다 보면 답이 보이고, 혜안이 생긴다. 지금은 정답 찾는답시고 온밤을 '검색질' '고민질'로 허비하는 행위, 딱 멈추고 즉각 실행할 때다.

지금은
감당의 시간

그래, 힘들지? 때론 답답하고 모르겠고 잘 안되고 죽겠지. 나름 죽어라 끼고 목 터져라 읽어주고 부서져라 놀아주고 일일이 해 먹이고 거둬가며 키우고는 있는데, 왠지 외롭고 서럽고 그러지? 야, 나라고 그럴 때 없었겠냐? 다 때려치우고 관두고 싶은 순간들 오만 팔천 번도 더 있었다. 그럴 때마다 죄 없는 애만 처잡고 집안 꼴 엉망 만들고 파멸로 치닫던 때를 떠올리면, 으으~ 진상! 화상! 힘들고 어려운 게 아니었다. 하기 싫은 거고 지루하고 귀찮고 짜증 나고 추레한 하루하루를 감당하고 있는 게 죽을 맛이었던 거다.

원래 그래, 애 키우는 게. 아주 당연한 거야. 그렇다고 '에라 모르겠다' 육아 포기하고 대충 키우면 애랑 세트로 인생 나락 가는 거다. 자고로 힘든 일을 하기 싫어하면 인간은 1센치도 성장할 수가 없다. 단 1센치도. 사람이 뭘 쟁취하고 얻으려면 감당하는 시간이 필요해, 반드시.

지금은 바로 그 '감당의 시간'이다. 기꺼이 해야 해. 육아는 단거리야. 마라톤 아냐. 긴 안목으로 보지 마. 짧게 치고 빠져. 군대 왔다 치고. 온종일 육아만 생각해. 종일 군인 삽질하듯 한 방에 끝내버려. 지긋지긋한 그 소굴에서 내 반드시 성공해서 나간다는 심정으로 죽어라 몰입해. '인성, 도덕성, 지성, 감성, 체력까지 끝내주는 아이로 만들어 버리고 반드시 탈출한다!' 매일매일 되뇌어. 나중에 웃을 수 있도록 지금 울면서 지내. 내가 너무 후져서 울고, 미안해서 울고, 갑갑해서 울고, 때론 감당할 수 없을 정도로 감사해서 울고… 근데 그 울음, 그 감정, 절대 의미 없는 거 아니야. 다 값져. 다 귀해.

이 세상에 그냥 되는 게 어딨겠어. 나 역시 여전히 '위기 → 쫄림 → 해결 → 평화 → 또 위기 → 망신 → 해결'의 무한 반복의 구조 속에 살고 있다만 이 심장 쫄깃한 시간들이 결국 더 큰 사람이 되어가는 9와 3/4 승강장인 걸 알기에 '기꺼이 감당'하며 간다. 오케이?

난 세상을 바꿀 생각
조금도 없다

꼴랑 나 하나 바꾸기에도 바빠 죽겠고, 밑이 빠질 지경이거든. 아니 이거 원, 성장 좀 했다 싶으면 애한테 지랄 터뜨리고 있고, 사람 좀 됐다 싶으면 어느 순간 바보 짓 하고 있고, 이제 하산해도 되겠네 싶으면 영락없이 나락으로 굴러떨어진다. 마치 시지프스의 형벌처럼….

은하계 최고 난이도 '육아'를 섭렵한 데다 일까지 씹어먹은 언니니까 짱짱한 루틴과 최상의 업무 효율을 자랑하며 화려한 성취의 나날을 즐기고 있을 것이라고 생각하면 오산이다. '나는 왜 이토록 후진가?' '왜 이렇게 쪼다 같고 미숙하기 그지없는가?' 뭐가 도통 하기 싫고 피곤이 몰려올 때마다 '귀찮아 벼슬' '갱년기 벼슬' 번갈아 내세우며 꼴값을 떤다. 아주 교활하기가 이루 말할 데 없다.

그럼에도 계속 앞으로 나아가고, 몸땡이 일으켜 해야 할 일 하고, 책 읽고 공부하고 스터디도 꼬박꼬박 참석하는 건 더 수준 높은 삶을 살고 싶어서다. 이전의 내가 살아보지 못한, 나의 부모도 형제도 조상도 살아보지 못한, 그런 세상을 온몸으로 누려보고 싶어서다.

그리고 그런 하루하루는 책 좀 읽고, 공부 좀 하고, 좋은 사람 한둘 만난다고 하루아침에 느닷없이 뿅! 도달하는 게 아니다. 도통 어려워 죽겠고 수시로 귀찮아 죽겠고 매일매일 하기 싫어 죽겠고 '난 잘 못하고 있는 게 분명해'라는 패배감이 불쑥불쑥 치받아 올라오는 시덥잖은 하루하루가 모여야 비로소 도달 가능한 삶의 경지다. 매일매일이 '도장 깨기'다.

난 세상을 바꿀 생각은 조금도 없다. 나만 바꾼다. 기운 좀 남으면 같이 놀고 싶은 사람들을 바꾼다. 기운 좀 더 남으면 날 좋아하고 따르는 무리들을 바꾼다. 어쩌다 기적적으로 기운이 펄펄 나는 날은 내 주변을 바꾼다. "그래 책 쓰자!" 이번 책도 그런 어떤 날 통화하다가 던졌던 것 같다. 내가 미쳐가지고, 으으으~.

'육아 기술'이 늘듯
'삶의 실력'이 는다

내 아이를 내 손으로 직접 거두고 입히고 해 먹이며 키워야 '육아 기술'이 늘듯, 인생의 어떤 목표, 어떤 과제를 만나든 내가 직접 몸 쓰고 머리 써가면서 끝내 해내야 내 '삶의 실력'이 는다.

나보다 훨씬 늦게 결혼한 친구들은 죄다 양가 어르신께 애 맡기고 바로 복직해 과장 되고 부장 되는 거 눈으로 보다가 힘들게 애를 낳았다. 하은이가 눕히면 자고 떠먹이면 받아먹는 순한 애였다면 나도 같이 사는 시어머니한테 애 던져놓고 복직해 연봉 올리며 승승장구했을 거다. 그럼 지금의 하은이도, 나도 없었겠지. 조직원은 물론, 하은맘 S프로젝트도 없었을 거고. 초예민하고 지랄맞았던 하은이 칭찬해? 안 칭찬해?

비정상적 삶은 무기가 되고, 난관은 결국 인생의 치트키가 된다. 불리함의 대명사로 내세우는 '독박육아'라는 단어, 난 아직도 뭔 말인지 모르겠다. 시어머니 모시고 살던 때 내 소원이 '독점육아'였거든. 워커홀릭 남편 만난 죄로 어차피 혼자 키워야 하는데 자꾸 이래라저래라 하는 게 더 괴로웠다. 잠깐, 잠깐 봐주시는 거? 노 땡큐다. 혼자 키우고 싶었다. 아는 게 없어 실수를 하든, 된통 곤욕을 치르든 내가 다 감당할 테니 제발 간섭 좀 그만해 달라고 무릎이라도 꿇고 싶었다.

혼자서 애 키울 수 있는 건 그야말로 축복이다. 애랑 둘이 엎치락뒤치락하며 오만 시행착오 겪는 것 자체가 네이비 실(Navy SEALs) 특수훈련 과정 수료인데, 뭘 더? 혼자 해. 그냥 해. 결국 다 니꺼 돼.

묻지도 않은 잔소리 듣기 싫지? 애 겁나 잘 키워버려! 『총 균 쇠』 옆구리에 딱 끼고 바둑 두는 게 취미인 춤 잘 추고 자전거 겁나 잘 타는 또라이로 만들어 버리라고. 실력이 깡패인 아이로! "니 어머님이 누구시니?" 묻게 되는 아이로!

힘들지 않으면
내리막이다

인생사 걷든 뛰든 구르든 성장하는 과정에 있다면 힘들고 고통스러운 게 당연한 거다. 그중에서 육아는 '갑 오브 더 갑' 고난도 훈련 과정이니 힘겹고 짜증 나고 잘 안되고 미치겠는 게 당연할 수밖에. 힘들지 않으면 내리막인 거다.

어? 난 안 그런데? 그 정도는 아닌데? (부럽고요!) 뭐가 쉽다 싶으면 어제랑, 한 달 전이랑, 1년 전이랑 매한 가지인 거야. 그냥 머물러있는 거라고. 비참해야 돼. 지겨 워야 돼. 다~시는 하고 싶지 않아야 돼. 지긋지긋한 게 맞 는 거야. 그게 육아인 거다. 버겁고 괴로운 거 거부하지 말고, 내 몫이고, 내 삶이다 받아들이고 뚫어내야 진짜인 거다.

길고 멀고 장기적인 오르막인 게 인생사지만, 자세히 들여다보면 무수한 지그재그 우상향 그래프의 연속이다. 추락하고 나락으로 떨어지는 것 같은 삶이어도 자세히 들추어보면 짬짬이 재밌고 벅차고 감동적인 순간들 무수하게 많다.

내가 아는 만큼, 공부하고 준비한 만큼 보이고 느껴지는 그 시원하고 짜릿하게 눈물 나는 순간들! 절대 모른 채로 그냥 흘려보내지 말고 깨알같이 다 느끼고 온전하게 누려. 미친년 널뛰기를 하든, 깨발광을 치든 애 얼른 잘 키워놓고 훨훨 날아버려.

얼마든지 쉽게 키울 수 있는 시대다. 내 자식 서서히 망가지고 우둔해지는 건 세상의 관심 밖이다. 아니, 도리어 자본주의가 원하는 것일 테지.

유튜브, 틱톡, 넷플릭스 없이 간다. 책, 놀이, 살림, 몸 독서로만 키운다. 늘 하던 대로 간다. 눈부시게 잘 큰 하은이를 보면 난 절대 거만해질 수가 없다. 내꺼라고 꼭 쥐고 있을 수가 없다. 내가 힘들게 알아낸 거라고 움켜쥐고 있을 수가 없다구. 같이 잘 키우는 거다. 반드시! 기필코!

인생은
꼬일 거야

아주 기냥 제대로 꼬일 거다(나만 뒈질 수 없어, 낄 낄).

그제만 해도 출근하자마자 받은 날벼락 같은 문자 한 통에 신나고 즐겁던 나의 오전이 홀라당 날아가 버렸다. 호울리 쉿! 미친년 꽃다발을 한 채로 이리저리 뛰어다니며 산재된 일들을 처리하고 우당탕탕 뛰쳐나가 또 누군가의 인생을 뒤집어엎어 버리는 벼락같은 상담을 멋지게 끝마쳤다. 휴~.

어제는 그제 사건의 여파로 달랑 2시간 자고 시뻘건 눈알로 출근하려고 아파트 엘리베이터를 탔는데, '아

맞다, 어젯밤 회사 주차장에 차 놓고 왔지' 주여~ 실로 오
랜만에 360번 버스를 타고 출근하는 길, 꾸벅꾸벅 졸다
가 기적같이 제 정류장에 내렸고(멍때리다 한 정거장 더 가
서 내리는 건 나의 시그니처 루틴) 예정돼 있던 오전 행사를
마무리하고 나니 오전 10시부터 5G급으로 몰려오는 피
곤함… '안 되겠다, 퇴근하자!'

　　내 사랑 목화솜요가 쫀득하게 깔려있는 침대만을
떠올리며 급발진 운전해 도착한 마이홈! 바로 침대랑 합
체! 잘 거야, 난. 시체처럼 잘 거야. 근데 계속 울려대는
고객 문의전화, 후배 FC들의 요청 문자, 모른 척해. 미친
듯이 자자. 상담 중이었다고 뻥치면 돼. 하… 잠 안 와. 홀
라당 깨버렸다. 컴퓨터 켜고 후딱 해치워 버리자. 발랄하
게 여기저기 여러 통의 전화를 하고 나니 초저녁, 술시
다. 맥주 까자!

　　이런 깜찍하고 자잘한 꼬임이야 뭐 흔할 일이다. 일
과 관계의 끈이 꼬여버리는 일들 또한 느닷없이 일어난
다. 그럴 때마다 어떡하지? 손톱만 물어뜯고 있어봤자 해
결되는 거 하나도 없다. 팔자 탓하며 자책국에 밥 말아 먹
을 시간에 에~라이 하는 심정으로 과감하게 꼬인 실타래
를 풀어나가는 그 행동 자체가 성장이고 수련이다.

　　그 과정에서 낚여 올려지는 지혜와 깨달음이야말로

평범한 일상에서는 절대 얻을 수 없는 인생의 반짝이들이다. 정말 더럽게 감사하고 돌아버리게 황홀한 인생이다.

힘든 그 순간엔 모른다. 울면서라도 해결하고 나서 한참 뒤에야 알게 된다. 훌쩍 커버린 내면의 키와 강해진 멘탈을 느낄 때의 희열은 사뭇 멋지지만, 인생 참 얄궂다.

"그 어떤 어려운 지식도 몸을 통과하면 쉬워진다."

죽이는 문장이지만 뱀처럼 또아리를 틀고 숨어있는 핵심. 절대 깔끔하게 통과되지 않는다는 것. 아프고 쓰라리고 자책감이 축축하게 들러붙은 채로 힘겹게 통과된다. 진짜 하기 싫고 도망치고 싶은 맘 한가득이지만, 그럼에도 주도적으로 해결해 버리고 났을 때의 쾌감을 알아버려서 안 할 수도 없다.

이런 경험들이 쌓여야 진정한 성장과 성숙이 이루어진다. 육아도 딱 그렇다. 힘들지만 그냥 해치워 버리면 된다. 뚫어내는 순간, 내공이 쌓인다. 그러던 어느 날 세상에 나갔을 때 듣도 보도 못한 끝판왕 실력자가 나타났다고, 마을이 떠들썩할 게다. 그때 터덜터덜 퇴근하는 남편 어깨 탁 잡고 얘기해.

"내가 셔터맨 만들어 준다 했지? 내일부터 회사 관두고 운전만 해!"

"힘든 그 순간엔 모른다.
울면서라도 해결하고 나서
한참 뒤에야 알게 된다.
훌쩍 커버린 내면의 키와
강해진 멘탈을….
그 어떤 어려운 지식도
몸을 통과하면 쉬워진다."

빡센 천국, 나른한 지옥

빡센 천국이 있고, 나른한 지옥이 있다. 그 순간엔 모른다. 나중, 아주 나중에 시간이 지나 애가 내 품을 떠날 때쯤 알게 된다. 그 천옥의 경계. 감동에 겨워 눈물을 훔칠 것인지, 깊은 빡침에 가슴을 칠 것인지는 지금 내가 어떤 인생을 살고 있느냐에 달려있다.

마냥 평화롭고 아무 사건도 일어나지 않는 게 천국이 아닌 걸 알게 된 건, 서른 중반 즈음이었다. 매일 크고 작은 변수를 맞닥뜨리게 하고, 일주일이 멀다 하고 가슴 철렁이는 사고를 치는 자그마한 녀석을 키우면서 현실을 깨달았다. 울고 싶은 일을 겪고, 분하고 억울한 일을 감당할 때마다 내 심장이 더 단단해져 간다는 걸. 내 아이를 지키려고 냈던 용기와 도전이 힘겹고 쓰라렸지만, 내 삶의 스펙트럼을 넓혀줬다는 걸 말이다.

아이의 콧잔등과 볼에 난 솜털이 없어질 때쯤엔 학원에 안 보내고, 스마트폰 안 사주는 것만으로도 주변의 저항은 거셌고, 아이와의 실랑이로도 몸살을 앓았다. 빡센 하루를 점처럼 모아 한 달을 버티고 1년이 10년이 됐다.

누구는 미련하다고도 했던 것 같다. 『포노 사피엔스』 책의 구매 링크를 보내주며 계몽하려는 이도 있었다. 나름 피식 웃으며 넘겼지만, 뭉근하게 남아있던 찝찝함은 오래도록 아웃풋 없는 내 아이를 비열하게 갈구게 만들었다.

폰을 쥐여준 채 학원으로 늦게까지 돌리며 자신의 커리어를 쌓아가는 그녀들의 나른하고 여유로운 일상이 부러울 때, 왜 없었겠는가. 내 육신의 피로와 멘탈의 소진이 터지는 날이면 가차 없이 다 큰 애를 처잡았고, 밤새 쓴 사과편지는 잠든 녀석의 배개 옆에 영락없이 놓여졌다.

그 편지들이 모여 2019년 『십팔년 책육아』라는 제목의 책으로 출간됐다. 그 해 하은이는 명문대 철학과 학생이자 의류쇼핑몰 운영자였고, 난 4개의 직업을 가진 N잡러가 돼있었다.

여유롭고 나른한 날? 별로 없었던 것 같다. 1주, 2주씩 스케줄 빼고 갔던 힐링여행이나 학습탐사 때도 가지고 간 책을 보는 사이 떠오르는 오만 가지 아이디어들을 책과 수첩에 적어대기 바빴다. 그 메모들이 새로운 프로젝트가 되고 업그레이드된 마케팅 활동으로 이어지는 신기한 경험을 하며, 이젠 평온한 일상을 향한 소망은 없다. 험난한 난관을 뚫어내고 난 이후의 '최고의 나'에 대한 기대와 열망만 있을 뿐이다.

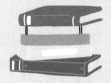

그 누구도
대신 감당해 주지 않는다

어젯밤이었다.

화장을 지우는데 얼굴이 화하다.

클렌징폼인 줄 알고 짠 게 치약이었다.

서둘러 다시 씻고 고개를 들어 거울을 보니

티셔츠 앞뒤를 거꾸로 입고 있다.

이런 적은 처음인데… 에효, 세면대 위로

후드득 눈물이 떨어졌다.

욕실 밖 거실에선 하은이의 울음소리가 이어지고 있고,

녀석의 두 손엔 아직도 온기가 가시지 않은

뿌미의 유골함이 들려있었다.

그제 새벽 하은이의 비명 소리에 잠에서 깨

거실로 뛰쳐나가 보니

싸늘하게 식은 사랑스러운 내 고양이 뿌미가
욕실 바닥에 누워있었다.
눈도 감지 못한 채….
버려질 뻔했던 아가 때 기적처럼 우리집에 온 게
하은이 12살 때였다.
공장에서 태어나 평생 눈병과 비염으로 아팠고,
그 트라우마로 사람을 극도로 무서워해
무릎에 올라오거나 안고 자는 건 생각할 수도 없었다.
캣타워도 거부, 거추장스러운 옷 같은 것도 치를 떨어서
예쁜 목걸이 한번 채워주지 못했다.
지난 8월 갑작스러운 심장 발작과 혈전으로
중환자실에 한 달여간 입원해 치료받고
뒷다리를 쓰지 못한 채 사선을 넘다가 퇴원해서
집에서 통원으로 연명 치료하던 중
기적이 일어나기를 바랐지만
결국 야속한 이별은 찾아오고야 말았다.
어젯밤 화장터에서 장례를 치르는데,
염을 치른 뿌미가 예쁜 수의를 입고 나왔다.
그 모습이 너무 곱고 사랑스러워서,
아직 많이 남은 캔과 츄르가 생각나
애랑 나랑 엉엉 울면서 집으로 돌아왔다.
모든 게 다 미안했다.
모든 게 다 뿌미였다.
녀석의 서먹함도, 불편해함도,

모두 그 아이의 존재 자체였다.
용기 내 다가와 부비대던 녀석의 찰나의 살가움도
너무 큰 사랑이고 축복이었다.
그리고 그 어떤 삶의 원리나 우주의 원칙으로도
12년 만에 이 천사 같은 아이가 무지개 다리 건넌 걸
설명해 낼 순 없다.
인생이 원래 그런 걸 인정할 수밖에….

지난 이틀이 어떻게 지나간 걸까.
그제 아무 일 없는 듯 회사의 마감 회의에 참석했고,
오늘 오전엔 퉁퉁 부은 눈을 메이크업으로 커버하고
웃으며 2시간 상담을 마쳤다.
3일 내내 소시지 눈인 하은이는 오늘도 학교 수업 중에
몰래 나와 화장실에서 울다 들어갔다고 했다.
모두 약속된 일정이었고
가장으로서, 사회와 학교 구성원으로서
반드시 이행해야 할 책무여서였다.
녹록지 않은 삶을 살며
겹겹이 쌓아온 내공이 없었더라면
애도 나도 그대로 무너졌을 게다.
살다 보면 무슨 일이 어떻게 생길지 아무도 모른다.
착한 사람에게도 무차별적으로 투하되는 게 삶의 변수다.
암 선고, 사업 실패, 낙방, 이별의 고통, 상실의 슬픔….
느닷없이 닥친 불행에

속절없이 무너지지 않고 버텨낼 힘은
오로지 각자 스스로 키워내야 한다.
그 누구도 대신 감당해 주지 않는다.
인생 내공이 필요한 이유이며,
육아라는 천재일우의 기회가 우리에게 주어진 이유다.
한 생명을 탄생과 양육, 독립까지
온전히 책임지는 무게감을
온 어깨로 감당해야 하는 '육아'는
온 우주에서 가장 숭고한 과정이며 위대한 여정이다.
피하지 않고 정면으로 맞서 뚫어내고 있는 누군가를
난 끝까지 도울 거다.
모두 귀하다.
너의 아이도, 그리고 너도.
존재하는 것 자체로 이미 충분하며 온전하다.
모든 게 사랑이라는 걸 어서 빨리 깨닫고 온전히 누리는 게
너와 나의 유일한 소명이다.

상실의 슬픔을 온몸으로 통과해 낼 나와 하은인
심장 깊숙이 새겨질 '이별 내공'을 품고
힘차게 날아오를 거다.
더 많은 사람을 도우며 말이다.

지랄발랄 하은맘의 육아내공 100
© 김선미, 2023

초판 1쇄 인쇄 2023년 11월 16일
초판 1쇄 발행 2023년 11월 24일

지은이.   김선미
펴낸이.   최혜진
디자인.   STUDIO BEAR
일러스트.   안다연

펴낸곳.   온포인트
출판등록.   제2023-000090호
주소.   서울시 금천구 디지털로9길 65 백상스타타워1차 203호
전화.   070-7514-3546
메일.   onpoint-books@naver.com
인스타그램. @onpoint_books

ISBN   979-11-985162-0-6   13370
